www.kreative-manufaktur.de

Jetzt auch online

Selbermachen. Genießen. Verschenken.

Selbermachen. Genießen. Verschenken.

Gebackene Leckereien aus der kreativen Manufaktur
sind schöne Geschenke und Mitbringsel:
mit Sorgfalt hergestellt, mit Liebe verpackt.

FÜR DICH
FÜR DICH

Anne Iburg • Gesine Harth

GESCHENKE AUS DEM BACKOFEN

Gebackene Leckereien hübsch verpackt

zwiebelbrötchen
zwiebelbrötchen

Inhalt

Gutes aus der Backstube

Zum Geburtstag, Valentinstag, Muttertag oder zu Weihnachten – oder auch ohne bestimmten Anlass: Es gibt genügend Möglichkeiten, seinen Liebsten eine Freude zu bereiten. Sicherlich sind Sie auch manchmal auf der Suche nach einem passenden Geschenk. Und es muss ja nicht immer etwas Gekauftes sein: Werden Sie kreativ und zaubern Sie in Ihrer Backstube verführerische Leckereien. Egal, ob süße Verführungen, Herzhaftes aus dem Ofen oder wunderbare Kuchenträume – hier finden Sie für jeden Geschmack etwas Passendes.

Und mit einer liebevoll gestalteten Verpackung werden die leckeren Kostbarkeiten perfekt in Szene gesetzt. Einmachgläser, verziert mit schönen Bändern, selbst gebastelte Schachteln und Etiketten, hübsch recycelte Dosen oder tolle Muffin-Förmchen aus bunten Papieren: Die Verpackungen sind mal ganz einfach, mal etwas aufwendiger, aber immer effektvoll. So werden die zarten Genüsse zu einzigartigen Geschenken für Ihre Lieben.

Viel Spaß beim Backen und Werken in der kreativen Manufaktur.

Für die Backstube

Mehl, Eier, Butter, Milch: Neben diesen Grundzutaten braucht man zum Backen die eine oder andere ausgefallene Zutat oder gute Idee. Und schon haben begeisterte Bäcker und Bäckerinnen Freude beim Kreativsein in der Küche.

NUSS-SCHOKO-KUCHEN

½ Ltr.
½ Ltr.

für dich
für dich

Hier finden
Sie Ideen für alle, die
gerne selbst in der Küche mit
Rührlöffel und Kuchenform aktiv
sind und die den verführerischen Duft
von frisch Gebackenem lieben: Echter
Vanillezucker, Sherryrosinen oder
eine selbstgemachte Backmischung
sind perfekte Geschenke für
Menschen, die gerne
backen.

Vanillezucker

Tausendsassa der süßen Küche

Halbieren Sie die Vanilleschote der Länge nach und kratzen Sie das Mark aus der Schote. Vermengen Sie nun das Vanillemark mit dem Zucker und füllen Sie alles in ein Schraubglas.

Tipp: Auch alleine mit der Schote lässt sich Vanillezucker herstellen. Er schmeckt etwas dezenter als der Vanillezucker, der mit Vanillemark vermischt wurde. Für einen besonders intensiven Geschmack wird der Zucker sowohl mit dem Mark als auch mit der Schote aromatisiert.

Der Vanillezucker ist trocken und dunkel gelagert ca. 1 Jahr haltbar.

Die Verpackungsidee für den Vanillezucker finden Sie auf Seite 14/15.

Zutaten für 1 Glas

1 Vanilleschote
200 g Zucker

5 Min. Zubereitung

Etikett am Bändchen für den Vanillezucker

Aus Geschenkpapier schneiden oder stanzen Sie sieben Kreise aus und legen diese mittig auf ein Satinband. Das Satinband sollte so lang sein, dass es um das Glas gelegt und verknotet werden kann. Nähen Sie die einzelnen Kreise mit der Nähmaschine auf das Band. Vor dem letzten Maschinenstich auf einem Papierkreis legen Sie jeweils den folgenden Kreis unter den Steppfuß. Nähen Sie weiter, bis alle Kreise mit dem Satinband verbunden sind.

Ziehen Sie die Fadenenden mit einer Nähnadel auf die Rückseite der Banderole, verknoten Sie sie und schneiden Sie anschließend die Fadenenden ab. Schneiden Sie aus Zeitungspapier einzelne Buchstaben aus, die dann auf die Kreise geklebt werden, um das Wort „Vanille“ zu bilden. Knoten Sie die Banderole anschließend um das Glas.

Reißen Sie aus Japanseide einen Kreis heraus, dessen Durchmesser etwa 5 cm größer ist als der des Schraubverschlusses. Benetzen Sie den Deckel mit einer dünnen Sprühkleberschicht (den Untergrund großzügig mit Zeitungspapier bedecken, um ihn vor dem Sprühnebel zu schützen) und legen Sie die Japanseide mittig darauf. Das Papier von innen nach außen vorsichtig glatt streichen und eventuelle Luftblasen herausdrücken. Bekleben Sie auch die Seiten des Deckels und drücken Sie das Papier gut fest. Zum Schluss einen Kreis aus dem Geschenkpapier ausschneiden oder ausstanzen und auf den mit Japanseide überzogenen Deckel kleben.

Material

- Schraubglas à 200 ml
- Geschenkpapier mit Blümchenmuster in Braun-Beige-Tönen
- Satinband in Creme, 5 mm breit
- Zeitungspapier
- Japanseide in Creme
- Sprühkleber
- Nähgarn in Creme
- Nähmaschine
- Schere
- Klebstoff
- Motivstanzer „Kreis“, ø 5 cm und 1,6 cm

Sauerteigansatz

Geheimnis leckerer Brote

Verrühren Sie 100 g Roggenmehl mit 200 ml lauwarmem Wasser in einer Schüssel, verschließen Sie diese mit Frischhaltefolie und lassen Sie den Teigansatz an einem warmen Ort 1 Tag gehen. In den Sauerteigansatz erneut 100 g Roggenmehl und 200 ml lauwarmes Wasser einrühren und nochmals 24 Stunden gehen lassen. Am dritten Tag 200 g Roggenmehl und 200 ml lauwarmes Wasser einrühren und erneut über Nacht gehen lassen. Wenn der Sauerteig säuerlich riecht und kleine Blasen wirft, ist er reif.

Nun können Sie etwa 200 ml vom Sauerteigansatz abnehmen und damit erneut einen – um einen Schritt verkürzten – Sauerteigansatz herstellen. Den Reifeprozess stoppen Sie, indem Sie den Sauerteigansatz in den Kühlschrank stellen.

Füllen Sie den Sauerteigansatz in ein Glas und legen Sie das Rezept für Sauerteigbrot bei:
Den Sauerteigansatz mit den Haferflocken, dem Sojamehl, dem Weizenmehl und 500 ml lauwarmes Wasser verrühren und ihn abgedeckt an einem warmen Ort über Nacht gehen lassen. Zum fertigen Ansatz das Roggenmehl, das Salz, die Sonnenblumenkerne und weitere 250 ml lauwarmes Wasser geben und alles gründlich mit den Knethaken des Handrührgerätes vermischen. Eine Brotbackform einfetten, den Brotteig hineingeben und 1 bis 6 Stunden gehen lassen. Zum Schluss wird das Brot mit Sonnenblumenkernen bestreut und im vorgeheizten Backofen bei 200 °C etwa 1 Stunde gebacken.

Der Sauerteigansatz ist im Kühlschrank 6 bis 8 Wochen haltbar.

Die Verpackungsidee für den Sauerteigansatz finden Sie auf Seite 18/19.

Zutaten

Für den Sauerteigansatz:
400 g Roggenmehl, Type 997
600 ml Wasser

Für das Sauerteigbrot:
Sauerteigansatz
100 g Haferflocken
100 g Sojamehl
400 g Weizenmehl, Type 550
500 g Roggenmehl, Type 997
1 EL Salz
50 g Sonnenblumenkerne
750 ml lauwarmes Wasser

5 Min. Zubereitung (plus Geh- und 1 Std. Backzeit)

mit
gemacht!
mit
gemacht!
hausgemacht

Nostalgische Gläser
für den Sauerteigansatz

Bevor Sie den Teig einfüllen, markieren Sie zunächst auf dem sauberen und fettfreien Glas mit Klebeband ein etwa 5 cm x 9 cm großes Rechteck. In dieses Rechteck tragen Sie in mehreren Schichten Tafellack auf, bis er gut deckt. Damit das Beschriftungsfeld etwas ausfranst und nicht zu perfekt wirkt, bleiben Sie mit dem Pinsel innerhalb der Markierung und streichen den Tafellack nicht bis zum Klebeband.

Nachdem der Lack getrocknet ist, das Klebeband wieder entfernen. Der Tafellack bietet nun ein Schriftfeld, das mit Kreide oder einem Lackmalstift beschriftet werden kann.

Schneiden Sie mit der Zackenschere einen 60 cm x 3,5 cm langen Stoffstreifen zu und legen Sie diesen anschließend der Länge nach in der Mitte zusammen. Klemmen Sie den Stoff unter die Verschlussklammern des Glases und verknoten Sie ihn. Der Holzlöffel wird zwischen Glas und Stoff gesteckt.

Material

- Einmachglas mit Klammerverschluss
- Tafellack in Schwarz
- Stoff in Rot-Weiß kariert
- Einweg-Holzlöffel
- Kreidestift in Weiß oder Lackmalstift
- Pinsel
- Klebeband
- Zackenschere

Sherryrosinen
im Häubchenglas

Geben Sie die Rosinen in Schraubgläser und füllen Sie die Gläser mit dem Sherry auf. Lassen Sie die Früchte ein wenig durchziehen, bevor Sie sie verpacken und verschenken.

Tipp: Alkoholisierte Rosinen können Sie für ein klassisches Gugelhupf- oder Panettone-Rezept verwenden.

Die Sherryrosinen können Sie im Dunkeln gelagert ein Jahr aufbewahren.

Deckelhäubchen und Anhänger
Bestempeln Sie die Gläser, bevor Sie sie füllen, mit lösungsmittelhaltiger Stempelfarbe: Betupfen Sie den Stempel mit Farbe und drücken Sie ihn vorsichtig auf die sauberen und fettfreien Gläser.

Durch den glatten Untergrund der Gläser kann der Stempel schneller wegrutschen als auf Papier. Misslungene Abdrücke lassen sich aber ganz einfach mit etwas Nagellackentferner oder Reinigungsbenzin wieder entfernen. Die Stempelfarbe ist nach wenigen Minuten trocken und die Gläser können befüllt werden.

Für die Stoffhauben schneiden Sie aus Stoff Kreise aus, die einen ca. 6 cm größeren Durchmesser als die Deckel der Schraubgläser haben.

Für die Etiketten ca. 5 cm große Kreise aus Fotokarton ausschneiden oder ausstanzen und mit Ihrem Wunschtext bestempeln oder beschriften. Stempeln Sie danach weiße Punkte auf den Karton. Mit der Lochzange jeweils ein kleines Loch in den Karton stanzen, eine Kordel hindurchziehen und den Anhänger an das Glas binden.

Material für 1 Glas

Schraubglas
Stoff in Rosa-Weiß gepunktet
Kordel in Rosa-Weiß
Fotokarton in Pink und Rosa
Stempelkissen in Weiß für glatte Untergründe (Glas)
Stempelkissen in Weiß und Rot für Papier
Stempel „Punkt", ca. ø 1 cm, und „für dich"
Schere
evtl. Motivstanzer „Kreis", ø 5 cm
Lochzange

Zutaten für 1 Glas

150 g Rosinen
125 ml Sherry

5 Min. Zubereitung

für dich
für dich
für dich
für dich

Backmischung für einen Nuss-Schoko-Kuchen

Alle Zutaten in Schichten in ein ausreichend großes Glas geben.
Legen Sie der Verpackung das Rezept für den Nuss-Schoko-Kuchen bei:

Die Margarine mit einer Küchenmaschine oder einem Handrührgerät zu einer cremigen Masse schlagen und die Eier nacheinander unterrühren. Den Backofen auf 180 °C vorheizen. Die Backmischung esslöffelweise unter die Eier-Butter-Masse rühren. Falls der Teig sehr fest ist, etwa 100 ml Milch unterrühren.

Eine Springform mit Rohrbodeneinsatz (etwa 26 cm Durchmesser) oder eine Kastenform (1½ l Volumen) einfetten und bemehlen. Den Teig darin gleichmäßig verteilen und etwa 50 Minuten backen. Den Kuchen herausnehmen, aus der Form lösen und auf einem Kuchengitter auskühlen lassen.

Die Backmischung ist dunkel und trocken gelagert über 6 Monate haltbar.

Die Verpackungsidee für die Backmischung finden Sie auf Seite 24/25.

Zutaten

Für die Backmischung:
250 g Zucker
1 Päck. Vanillezucker
300 g Mehl, Type 405
100 g gemahlene Haselnüsse
100 g Schokostreusel
½ Päck. Backpulver

Für den Kuchen:
Backmischung
250 g Margarine
5 Eier
evtl. 100 ml Milch

10 Min. Zubereitung
(plus 50 Min. Backzeit)

Packpapiertüten für die Kuchen-Backmischung

Füllen Sie die Backmischung in die Packpapiertüte. Falten Sie am oberen Ende der Tüte einen Rand von 2 cm Breite nach hinten um. Einen etwa 6,5 cm großen Kreis aus Scrapbook-Papier oder Tonpapier mit einem Text nach Wahl bestempeln. Den Text setzen Sie mit einem Textstempel zum Selbersetzen. Denken Sie daran, dass Sie den Text spiegelverkehrt von rechts nach links setzen.

Das Papier und die Spitze im oberen Drittel falten und beides über den Tütenrand legen. Mit der Lochzange oder dem Locher ein Loch mittig durch alle Papierlagen stanzen, durch das Sie dann ein Satinband oder eine Kordel fädeln, um damit die Papiertüte zu verschließen.

Material

Packpapiertüte mit Standboden, ca. 12 cm x 22 cm
Papierspitze in Weiß (Tassenuntersetzer)
Scrapbook-Papier oder Tonpapier in Rosa gemustert
Satinband in Pink, 3 mm breit, oder Kordel in Rosa-Weiß
Stempelkissen in Pink
Textstempel zum Selbersetzen
Lochzange oder Locher
Motivstanzer „Kreis", ø ca. 6,5 cm, oder Schere

Kuchenträume

Wäre ein Kaffeekränzchen ohne leckeren Kuchen nicht wie ein Sommer ohne Sonne? Klassiker, fruchtige Stückchen, Schokoladenköstlichkeiten, kleine Muffins oder Kuchen im Glas sind gleichermaßen beliebt – Hauptsache sie sind süß und köstlich!

FÜR DICH
FÜR DICH
FÜR DICH

FÜR DICH
FÜR DICH

Kuchen lässt sich immer und überall genießen – Sie brauchen also nur ein gutes Rezept und ein bisschen Muße zum Backen. Und dann müssen Sie noch entscheiden, ob Sie die Leckereien lieber an einer schön gedeckten Kaffeetafel oder bei einem Picknick auf einer Sommerwiese verzehren möchten …

Russischer Zupfkuchen

Klassiker im kleinen Format

Das Mehl und das Backpulver vermischen und in eine große Schüssel geben, dann Zucker und Kakao, anschließend Butter, Ei und Eigelb hinzufügen und alles gut verkneten. Stellen Sie etwa ein Viertel des Teiges zur Seite, rollen Sie den restlichen Teig in einer kleinen Springform (18 cm Durchmesser) aus und lassen Sie dabei einen Rand entstehen.

Für die Füllung das Ei trennen und das Eiweiß mit einer Prise Salz steif schlagen. Die Butter schaumig rühren, danach Quark, süße Sahne, Eigelb, Zucker, Puddingpulver und Vanillezucker hinzufügen und alles gut verrühren. Heben Sie den Eischnee unter und füllen Sie die Masse in die Springform.

Zum Schluss zupfen Sie den weggestellten Teig in Stücke und verteilen ihn auf der Füllung. Der Kuchen wird bei 180 °C etwa 45 Minuten auf mittlerer Schiene gebacken.

Der Russische Zupfkuchen ist im Kühlschrank 3 bis 4 Tage haltbar.

Die Verpackungsidee für den Kuchen finden Sie auf Seite 32/33.

Zutaten

Für den Teig und die Flecken:
200 g Mehl
½ TL Backpulver
120 g Zucker
30 g Kakaopulver
125 g Butter
1 Ei
1 Eigelb

Für die Füllung:
1 Ei
1 Eiweiß
1 Prise Salz
30 g Butter
80 g Zucker
250 g Quark
100 g süße Sahne
1 EL Vanillepuddingpulver zum Kochen
1 Päck. Vanillezucker

30 Min. Zubereitung
(plus 45 Min. Backzeit)

Edle Schachtel
mit zartem Spitzenmuster

Die Größe der Vorlage ist an einen Kuchen mit einem Durchmesser von 18 cm und einer Höhe von 4 cm bis 5 cm angepasst.

Übertragen Sie die Vorlage auf den hellbraunen Fotokarton. Schneiden Sie die Form entlang den durchgezogenen Linien mit dem Cutter oder der Schere aus (das Sichtfenster erst nach dem Farbauftrag ausschneiden). Falten Sie den Karton an den gestrichelten Linien.

Bevor Sie die Schachtel zusammenkleben, wird der Deckel gestaltet. Dafür legen Sie eine kleine Tortenspitze mittig auf den Deckel und fixieren sie mit wiederablösbarem Klebeband (z. B. Masking Tape). Die Pinselspitze mit weißer Acrylfarbe benetzen und vorsichtig in die Zwischenräume tupfen. Vermeiden Sie einen zu starken Farbauftrag, damit keine Farbe unter das Papier gerät und sich die Tortenspitze später an diesen Stellen nicht mehr ablösen lässt.

Ziehen Sie die Tortenspitze vorsichtig vom Karton ab und lassen Sie die Farbe trocknen. Danach das Sichtfenster aus dem Karton ausschneiden und die PVC-Folie mit doppelseitigem Klebeband dahinter befestigen.

Für die Montage der Schachtel bekleben Sie die sechs kurzen Laschen mit doppelseitiger Klebefolie. Klappen Sie die Vorder- und Rückseite nach oben und stellen Sie die kurzen Laschen im rechten Winkel auf. Nun können die kurzen Laschen an den Innenseiten der Seitenwände befestigt werden. Um den Karton vor Fettflecken zu schützen, den Boden mit einer Pappe bedecken.

Für das Etikett schneiden Sie aus Fotokarton ein 8 cm x 2,5 cm großes Rechteck aus, schrägen die Ecken an einem Ende ab und schneiden an der gegenüberliegenden Seite ein kleines Dreieck heraus. Bestempeln Sie das Etikett, stanzen Sie ein Loch aus und bekleben Sie das Loch mit einem Lochverstärker. Den Kuchen in die Schachtel legen, mehrmals mit einer Baumwollkordel umwickeln und den Anhänger an die Kordel knoten.

Material

- Fotokarton in Hellbraun und Weiß
- Tortenspitze
- PVC-Folie
- doppelseitige Klebefolie
- Acrylfarbe in Weiß
- Kordel in Rosa
- Lochverstärker in Rosa
- Stempelkissen in Bronze
- Textstempel zum Selbersetzen
- Cutter oder Schere
- Pinsel mit flacher Spitze
- Falzbein
- Lineal
- Lochzange oder Locher
- Masking Tape

Vorlage Seite 150

Russischer
Zupfkuchen

Mohn-Mandel-Zitronenkuchen

Sommergenuss

Die Eier mit Zucker und Vanillezucker schaumig schlagen. Langsam das Rapsöl dazugeben. Mehl mit Mandeln und Backpulver mischen und zusammen mit dem Mohn untermischen. Der Zitronensaft wird zum Schluss dazugegeben.

Ein kleine Kastenform (20 cm lang) einfetten und mehlen und den Teig hineingeben. Bei 180 °C ca. 40 Minuten im vorgeheizten Backofen auf mittlerer Schiene backen.

Der Mohn-Mandel-Zitronenkuchen hält sich 3 bis 4 Tage.

Die Verpackungsidee für den Kuchen finden Sie auf Seite 36/37.

Zutaten für einen Kuchen

2 Eier
120 g Zucker
1 Päck. Vanillezucker
120 ml Rapsöl
100 g Mehl
100 g abgezogene, gemahlene Mandeln
1 TL Backpulver
80 g Mohn
2 EL Zitronensaft

ca. 20 Min. Zubereitung
(plus 40 Min. Backzeit)

Romantische Schachtel

für den Mohn-Mandel-Zitronenkuchen

Material

Crinkle-Papier in Rosa mit schimmernder Rückseite
Tonpapier in Creme
evtl. Back- oder Butterbrotpapier
Kordel in Rosa-Weiß
3-D-Klebepads, 3 mm x 3 mm
Farbstift in Rosa
Flüssigklebstoff
Bordürenstanzer
Motivstanzer „Kreis mit Wellenrand“, ø ca. 6 cm
Cutter oder Schere
Falzbein
Lineal

Vorlage Seite 142

Übertragen Sie die Vorlage auf Crinkle-Papier und schneiden Sie die Form entlang den durchgezogenen Linien mit der Schere oder dem Cutter aus. Die vier Schachtelkanten können Sie zusätzlich mit einem Bordürenstanzer oder einer Konturenschere in Form bringen. Für die Falze legen Sie ein Lineal an den gestrichelten Linien an und fahren sie mit dem Falzbein nach. An den entstandenen Rillen lässt sich das Papier einfacher falten. Die gepunkteten Linien werden von der Kartonrückseite her gefalzt. Mit der flachen Seite des Falzbeins über die Falze streichen, bis das Papier glatt gedrückt ist. Die entstandenen Laschen mit Klebstoff festkleben.

Für das Etikett schneiden Sie aus Crinkle-Papier einen Kreis (ø 7,5 cm) und stanzen aus Tonpapier einen Kreis mit Wellenrand (ø 6 cm) aus. Beschriften Sie den Kreis mit Wellenrand mit dem Filzstift und hinterkleben Sie ihn mit 3-D-Klebepads.

Legen Sie den Kuchen in die Papierschale. Sie können den Kuchen vorher in Back- oder Butterbrotpapier einschlagen. Den größeren Papierkreis auf dem Kuchen positionieren und eine Kordel um die Schale wickeln. Zum Schluss wird der kleinere Kreis mittig auf den großen Kreis geklebt. Die Kordel läuft dabei über Kreuz zwischen beiden Kreisen hindurch.

FRISCH AUS
DEM
BACKOFEN

Schoko-Kokos-Muffins im Mini-Format

Schälen Sie die Banane und zerdrücken Sie 75 g davon mit einer Gabel zu Mus. Dann die Kokosflocken und den Zitronensaft unterheben.

Das Ei mit dem Zucker und Öl verrühren, den Joghurt hinzufügen und ebenfalls unterrühren. Mischen Sie Mehl, Backpulver, Natron und Kakao und rühren Sie die Mehlmischung unter die Teigmasse. Den Backofen auf 180 °C vorheizen.

Kleiden Sie die Mini-Muffinform mit passenden Papierförmchen aus und verteilen Sie die Hälfte des Teiges auf die 16 Vertiefungen. Dann mit einem Teelöffel das Bananenmus auf dem Teig verteilen und zum Schluss mit einer Teigschicht bedecken. Die Muffins auf mittlerer Schiene etwa 15 bis 20 Minuten backen.

Lassen Sie die Muffins einen Moment in der Form ruhen. Nehmen Sie sie dann aus den Vertiefungen und lassen Sie sie auf einem Kuchengitter auskühlen.

Die Schoko-Kokos-Muffins sind 3 bis 4 Tage haltbar.

Die Verpackungsidee für die Muffins finden Sie auf Seite 40/41.

Zutaten für 16 Stück

1 mittelgroße Banane
15 g Kokosflocken
10 g Zitronensaft
1 Ei
75 g Zucker
50 ml Rapsöl
150 g Joghurt
100 g Weizenmehl, Type 405
1 TL Backpulver
½ TL Natron
2 EL Kakao
Mini-Muffinförmchen

30 Min. Zubereitung
(ca. 15 Min. Backzeit)

Holzkörbchen mit Girlande

für die Schoko-Muffins

Für die Wimpelkette hinterkleben Sie Stoffreste mit doppelseitigem Klebeband und schneiden daraus kleine Rauten aus. Falten Sie die Rauten in der Mitte und ziehen Sie die Folie des Klebebands ab. Legen Sie nun einen Faden in den Falz und klappen Sie jeweils die eine Hälfte der Stoffraute auf die andere. Die Fadenenden fixieren Sie an den Enden der Schaschlikstäbchen.

Für das Etikett ein Textfeld auf den türkisfarbenen Fotokarton stempeln und ausschneiden. Das Etikett beschriften und an den Seiten des Etiketts zwei kleine Löcher stanzen, durch die Sie Kordeln fädeln. Die Kordeln um die Holzschale wickeln und auf der Rückseite der Schale verknoten.

Befüllen Sie das Holzkörbchen mit den Muffins und stecken Sie die Schaschlikstäbchen in das Gebäck.

Material

- Backkörbchen aus Holz
- Stoffreste in Blau- und Brauntönen
- Kordel
- Faden
- Fotokarton in Türkis
- Schaschlikstäbchen
- doppelseitige Klebefolie
- Stempel „Textfeld"
- Stempelkissen in Dunkelblau
- Filzstift
- Schere
- Lochzange

Vorlage Seite 150

SCHOKOLADEN
MUFFINS

Kleine Warenkunde

Nüsse

Pinienkerne
Die länglichen glänzenden Pinienkerne sind die Samen des Pinienbaums, einer Kiefernart, die im Mittelmeerraum wächst. Daher gibt es auch sehr viele italienische Rezepte mit Pinienkernen. Die Kerne befinden sich in den Pinienzapfen.

Walnüsse

Pinienkerne

Mandeln

Walnüsse
Die großen Nüsse können Sie ganzjährig in der Schale und geschält als Hälften kaufen. Walnüsse schmecken besonders gut zum Käse, auf Salat und im Kuchen. Die Walnuss gilt aufgrund ihrer wertvollen Inhaltsstoffe als besonders gesund.

Mandeln
Mandeln sind sehr vielseitig: Man braucht sie z. B. für die Herstellung von Marzipan oder für Mandelöl, das sowohl in der Küche als auch in der Kosmetik verwendet wird. Gesalzen oder angeröstet („gebrannt") sind sie eine beliebte Knabberei.

Haselnüsse

Haselnüsse wachsen direkt vor unserer Haustür. Große Mengen werden in den USA angebaut. Haselnüsse werden bei uns im Herbst geerntet. Man kann sie als ganze Nüsse, Nusskerne, gehobelte, gemahlene und gehackte Haselnüsse kaufen. Nougat und Haselnusscreme basieren auf Haselnüssen.

selnüsse

Pistazien

Pistazien

Die hohen Pistazienbäume werden weit über hundert Jahre alt und liefern nur alle zwei Jahre die grünen, leckeren Nüsse. Die besten Pistazien kommen angeblich aus Sizilien, aber auch die Türkei und Kalifornien sind Exportländer. Qualitätsmerkmal für gute Pistazien ist ihre kräftig grüne Farbe.

Kokosnuss

Sie ist eine tropische Frucht. Die Kokospalme wird bis zu 30 Meter hoch. Der Ertrag pro Jahr und Baum beträgt zwischen 50 und 80 Kokosnüssen. Bei uns ist die Kokosnuss als ganze Frucht, geraspelt oder in Form von Kokoschips im Handel erhältlich.

Kokosnuss

Möhren-Nuss-Kuchen

Leckerei im Glas

Für den Teig werden das Rapsöl, der Zucker und die Eier zu einer homogenen Masse aufgeschlagen. Waschen Sie dann die Möhren, schälen Sie sie und reiben Sie sie auf einer feinen Raspel. Die übrigen trockenen Zutaten mischen und unter die Teigmasse rühren. Den Teig in 6 Gläser füllen und im vorgeheizten Backofen bei 200 °C etwa 25 Minuten backen.

Inzwischen für das Topping die Butter mit dem Doppelrahmfrischkäse und dem gesiebten Puderzucker zu einer cremigen Masse schlagen. Zum Schluss den Zitronensaft untermengen.

Nehmen Sie den Kuchen aus dem Backofen und lassen Sie ihn auskühlen. Verteilen Sie mit einem Esslöffel die Frischkäsemasse auf dem Kuchen und streichen Sie sie glatt.

Variante: Sie können den Teig auch auf 12 Muffinmulden verteilen und ihn dann nur 20 Minuten backen. Die Frischkäsemasse auf die ausgekühlten Muffins streichen.

Im Kühlschrank hält der Möhren-Nuss-Kuchen 3 bis 4 Tage.

Die Verpackungsidee für den Kuchen im Glas finden Sie auf Seite 46/47.

Zutaten für 6 Gläser à 290 ml

Für den Teig:
125 ml Rapsöl
150 g Zucker
2 Eier
250 g Möhren
50 g gemahlene Haselnüsse
100 g Mehl, Type 405
1 TL Backpulver
½ TL Zimt
1 Msp. Muskat
1 Msp. Salz

Für das Topping:
50 g weiche Butter
100 g Doppelrahmfrischkäse
90 g Puderzucker
2 EL Zitronensaft

40 Min. Zubereitung (plus 25 Min. Backzeit)

Gläserschmuck für den Möhren-Nuss-Kuchen

Legen Sie das Rüschenband um das Glas und kürzen Sie das Band auf die benötigte Länge. Anschließend klemmen Sie es unter die Verschlussklammern des Glases und fixieren es mit doppelseitigem Klebeband.

Aus Fotokarton einen Kreis zuschneiden, der in die Vertiefung des Deckels passt. Bestempeln Sie weißen Karton mit den Textbuchstaben, die Sie anschließend mit der Schere einzeln herausschneiden und auf den lilafarbenen Untergrund kleben. Mit doppelseitigem Klebeband das Etikett auf dem Deckel befestigen.

Material

- Einmachglas mit Klammerverschluss
- Rüschenband in Lila-Weiß, ca. 1,5 cm breit
- Fotokarton in Lila und Weiß
- Stempelkissen in Lila
- Buchstabenstempel „Mini"
- Klebstoff
- doppelseitiges Klebeband
- Schere

möhren
nuss
kuchen
möhren
nuss
kuchen

Himbeer-Mandel-Muffins

himmlisch locker und leicht

Zerlassen Sie die Butter in einem kleinen Topf und lassen Sie sie abkühlen. Schlagen Sie das Eiweiß steif und lassen Sie dann den Puderzucker einrieseln. Mehl, Mandeln, Kardamom, Vanillemark und Zitronenschale vermengen und zusammen mit der Butter vorsichtig unter die Eiweißmasse heben.

Den Backofen nun auf 160 °C Ober- und Unterhitze vorheizen (keine Umluft/Heißluft). Legen Sie die Papierförmchen in ein Muffinblech und verteilen Sie den Teig in den Mulden. Pro Muffin fünf gefrorene Himbeeren aufsetzen und zum Schluss die Muffins mit den Mandelsplittern bestreuen.

Auf mittlerer Schiene etwa 15 bis 20 Minuten backen. Danach noch 5 Minuten im abgeschalteten Ofen ruhen lassen und auf einem Rost auskühlen lassen.

Die Himbeer-Mandel-Muffins sind ca. 3 Tage lagerbar.

Die Verpackungsidee für die Himbeer-Mandel-Muffins finden Sie auf Seite 50/51.

Zutaten für 12 Stück

125 g Butter
5 Eiweiß
180 g Puderzucker
75 g Mehl, Type 405
100 g blanchierte, gemahlene Mandeln
1 Msp. Kardamom
1 TL Vanillemark
Schale von 1 unbehandelten Zitrone
200 g tiefgefrorene Himbeeren
20 g Mandelsplitter

20 Min. Zubereitung
(plus 20 Min. Backzeit)

Blumenstecker für die Himbeer-Mandel-Muffins

Material
Scrapbook-Papier in Pink-Weiß gemustert
Klebeband
Seidenpapier in Weiß, Rosa und Pink
Schaschlikstäbchen
Faden
Klebstoff
Konturenschere
Schere oder Cutter

Vorlage Seite 143

Übertragen Sie die Vorlage für die Manschetten auf Scrapbook-Papier und schneiden Sie die Form entlang den durchgezogenen Linien mit der Schere oder dem Cutter aus. Bringen Sie den oberen Rand der Manschette mithilfe einer Konturenschere in Form. Legen Sie die Manschette um den Muffin und halten Sie das Papier fest. Entnehmen Sie den Muffin wieder und fixieren Sie die beiden Enden der Manschette auf der Manschetteninnenseite mit einem Klebeband.

Aus Seidenpapier sechs kleine Rechtecke (8 cm x 13 cm) ausschneiden, die Sie anschließend passgenau übereinanderlegen und quer im Abstand von 1 cm zu einer Ziehharmonika falten. Das Bündel in der Mitte mit einem Faden zusammenbinden und die Enden des Papiers mit einer Schere rund schneiden. So erhalten die Pompons die typische Blütenform.

Mit einer Hand das Bündel festhalten, mit der anderen Hand die eine Bündelhälfte möglichst weit auffächern und die oberste Papierlage vorsichtig aufzupfen. Zupfen Sie das Seidenpapier möglichst weit nach oben, damit der Pompon schön rund wird. Danach die oberste Papierlage der zweiten Bündelhälfte vorsichtig möglichst weit nach oben ziehen. Die nächsten Papierlagen anschließend im Wechsel ebenso zupfen, bis Sie eine Halbkugel erhalten.

Kleben Sie an die Pomponunterseite ein etwa 12 cm langes Schaschlikstäbchen und schneiden Sie die überstehenden Fäden ab.

Schoko-Erdbeer-Herz

mit Liebe gemacht

Heizen Sie zunächst den Backofen auf 180 °C vor. Butter, Zucker, Salz und Eier mit einem Handrührgerät oder einer Küchenmaschine schaumig schlagen. Das Mehl mit dem Backpulver und Kakao vermischen, dann löffelweise unter den Teig rühren und zum Schluss den Cognac einrühren.

Fetten Sie eine Obstbodenform (Herzform; etwa 28 cm groß) mit Butter und bestäuben Sie sie mit etwas Mehl. Füllen Sie den Teig in die Herzform und streichen Sie ihn glatt. Den Tortenboden etwa 20 Minuten backen, etwas abkühlen lassen und aus der Form stürzen.

Das Marzipan mit dem Puderzucker verkneten und dünn auf einer mit Puderzucker bestäubten Arbeitsfläche ausrollen, sodass die Masse die Größe des Tortenbodens hat. Die Oberseite des Tortenbodens mit Marzipan belegen.

Die Erdbeeren waschen, putzen und trocken tupfen. Zu große Beeren eventuell halbieren und die Erdbeeren auf dem Marzipanboden verteilen.

Verrühren Sie nun den Tortenguss mit dem Zucker und einem ¼ l Wasser und bringen Sie alles unter Rühren zum Kochen. Den Tortenguss etwas abkühlen lassen und esslöffelweise von der Mitte aus auf dem Obst verteilen. Den Tortenguss etwa 30 Minuten erkalten lassen.

Der Erdbeerkuchen hält sich im Kühlschrank 1 bis 2 Tage.

Die Verpackungsidee für das Erdbeer-Herz finden Sie auf Seite 54/55.

Zutaten

Für den Boden:
60 g weiche Butter
120 g Zucker
1 Pr. Salz
3 Eier (Größe M)
150 g Mehl, Type 405
1 TL Backpulver
20 g Kakao
2 EL Cognac

Für den Belag:
80 g Rohmarzipan
20 g Puderzucker
500–750 g Erdbeeren
1 Päck. Tortenguss „Erdbeergeschmack"
20 g Zucker
250 ml Wasser

1 Std. Zubereitung
(plus 20 Min. Back- und 30 Min. Ruhezeit)

Blumenschachtel

für den Erdbeerkuchen

Übertragen Sie die Vorlage auf farbigen Fotokarton bzw. auf die Rückseite des Strukturkartons (Deckel). Schneiden Sie die Form entlang den durchgezogenen Linien mit dem Cutter oder der Schere aus. Für die Falze ein Lineal an den gestrichelten Linien anlegen und die Linien mit dem Falzbein nachziehen. An den entstandenen Rillen lässt sich der Karton einfach und sauber falten. Anschließend mit der flachen Seite des Falzbeins über den Falz fahren und so den Karton flach drücken.

Für die Montage der Schachtelhälften bekleben Sie jeweils die vier kurzen Laschen mit doppelseitiger Klebefolie. Klappen Sie die Vorder- und Rückseite der beiden Schachtelhälften nach oben und stellen Sie die kurzen Laschen im rechten Winkel auf. Nun können Sie die kurzen Laschen an den Innenseiten der Seitenwände befestigen. Um den Karton vor Fettflecken zu schützen, wird der Boden mit einer Pappe bedeckt.

Um die Pomponblüte herzustellen, schneiden Sie aus weißem Seidenpapier acht Bögen und aus gelbem Seidenpapier einen Bogen jeweils in der Größe A4 zu. Legen Sie alle Bögen anschließend passgenau übereinander, sodass der gelbe Bogen oben liegt. Das Papier quer im Abstand von 2 cm zu einer Ziehharmonika falten und das Bündel in der Mitte mit einem Faden zusammenbinden. Die kurzen Enden des gefalteten Papiers mit der Schere rund schneiden. Halten Sie mit einer Hand das Bündel fest, fächern Sie mit der anderen Hand die eine Bündelhälfte möglichst weit auf und zupfen Sie die oberste gelbe Papierlage vorsichtig nach oben. Zupfen Sie das Seidenpapier möglichst weit nach oben, damit der Pompon schön rund wird. Danach die oberste Papierlage der zweiten Bündelhälfte vorsichtig möglichst weit nach oben ziehen. Mit den nächsten Papierlagen im Wechsel ebenso verfahren, bis Sie eine Halbkugel erhalten.

Für das Etikett übertragen Sie die Blatt-Vorlage zweimal auf grünen Fotokarton und schneiden die Formen aus. Beschriften Sie das eine Blatt, falten Sie es in der Mitte und befestigen Sie die Blüte und die Blätter auf dem Karton.

Material

- Strukturkarton in Rot
- Pappe
- Seidenpapier in Weiß und Gelb
- Faden
- Fotokarton in Grün
- Lackstift in Weiß
- doppelseitige Klebefolie
- Klebstoff
- Cutter oder Schere
- Lineal
- Falzbein

Vorlage Seite 152/153

mit
Liebe
gemacht!

Keksgenuss

In diesem Kapitel finden Sie viele kleine Köstlichkeiten, die zum Knabbern verführen: amerikanische Cookies, italienische Cantuccini, exotische Naschereien, Kekse mit Nüssen oder Schokolade. Eine jede dieser kleinen Leckereien findet ihre Liebhaber.

PINIENKERN
APRIKOSEN
CANTUCCINI
PINIENKERN
APRIKOSEN
CANTUCCINI

In diesem Kapitel finden Sie Schachteln und Dosen voller süßer Kindheitserinnerungen – denn wer ist als Kind nicht in Küche und Speisekammer auf die Suche nach leckeren Keksen aus Mutters oder Großmutters Backstube gegangen?

Bananen-Schoko-Cookies

the American way of life

In einer Schüssel Mehl, Kakaopulver, Natron, Backpulver und Salz vermischen. Zerdrücken Sie dann die Bananen mit einer Gabel auf einem Teller und beträufeln Sie sie mit Zitronensaft. Den Backofen auf 180 °C vorheizen.

Zucker, Vanillezucker, Butter und Ei in eine Rührschüssel geben und schaumig schlagen. Mengen Sie zuerst den Bananenbrei unter, rühren Sie dann die Mehlmischung ein und geben Sie zum Schluss die Schokoladentröpfchen dazu. Legen Sie ein Blech mit Backpapier aus und setzen Sie mit zwei Esslöffeln große, flache Häufchen aufs Backpapier. Achten Sie dabei darauf, dass ausreichend Abstand zwischen den Teighäufchen besteht. Die Cookies etwa 15 Minuten auf mittlerer Schiene backen.

Die Bananen-Schoko-Cookies sind etwa 1 Monat haltbar.

Die Verpackungsidee für die Cookies finden Sie auf Seite 62/63.

Zutaten für 12 Stück

300 g Mehl, Type 405
2 EL Kakaopulver
1 TL Natron
1 TL Backpulver
¼ TL Salz
1–2 reife Bananen
1 TL Zitronensaft
220 g Zucker
1 Päck. Vanillezucker
200 g Butter
1 Ei
150 g Schokoladentröpfchen

ca. 40 Min. Zubereitung (plus 15 Min. zum Backen)

BANANEN-SCHOKO-
COOKIES
BANANEN-SCHOKO-
COOKIES
BANANEN-SCHOKO-
COOKIES

Tüten mit Fenster für die Cookies

Material
Geschenkpapier oder Scrapbook-Papier in Rot-Creme gemustert
Tonpapier in Rot
Zellophantüten, 11,5 cm x 19 cm
Rundkopfklammern
Klebstoff
Stempelkissen in Rot
Stempel zum Selbersetzen
Cutter
Schere
Lochzange

Vorlage Seite 144

Übertragen Sie die Vorlage auf die Rückseite des Papiers und schneiden Sie die Form entlang den durchgezogenen Linien mit der Schere oder dem Cutter aus. Sie Mit dem Falzbein über die gestrichelten Linien fahren. An den so entstandenen Rillen lässt sich das Papier ganz einfach falten. Die gepunkteten Linien werden von der Papiervorderseite gefalzt. Streichen Sie zum Schluss mit der flachen Seite des Falzbeins über die Falze, bis das Papier flach gedrückt ist. Die seitlichen Laschen werden mit Klebstoff festgeklebt. Verpacken Sie den Cookie in einer Zellophantüte und stecken Sie ihn in die Papiertüte. Nun wird die Tütenöffnung nach hinten gefaltet.

Für das Etikett schneiden Sie aus einem Rest des Geschenkpapiers einen 2,4 cm x 17 cm langen Streifen aus und runden die Enden mit der Schere ab. Die Rückseite des Papiers mithilfe des Textstempels beschriften. Den Papierstreifen auf einen etwas breiteren und längeren Tonpapierstreifen kleben und das rote Papier so ausschneiden, dass an allen Seiten ein etwa 4 mm breiter Rand stehen bleibt. Falten Sie den Papierstreifen in der Mitte und kleben Sie vorne einen etwa 1,6 cm großen Papierkreis auf den Papierstreifen. Den Papierstreifen oben über die Tüte stülpen.

Stanzen Sie in die Mitte des kleinen Papierkreises mithilfe eines Lochers oder einer Lochzange ein Loch durch alle Papierschichten, durch das Sie eine Rundkopfklammer stecken, um die Tüte zu verschließen.

Aprikosen-Cantuccini

Bella Italia, Dolce Vita

Rösten Sie die Pinienkerne in einer Pfanne ohne Fett goldgelb (Achtung: Die Kerne verbrennen leicht!) und schneiden Sie die Aprikosen in kleine Würfel.

Dann das Mehl mit dem Backpulver in eine Rührschüssel sieben. Zucker, Vanillezucker, Zitronenschale, Salz und Eier dazugeben. Die Butter in Stücke schneiden und zusammen mit den ausgekühlten Pinienkernen und Aprikosenwürfeln hinzufügen. Alle Zutaten nun zu einem glatten Teig verarbeiten.

Den Backofen auf 180 °C (Umluft: 160 °C) vorheizen. Aus dem Teig 4 cm dicke Rollen formen und diese ein wenig flach drücken. Die Teigrollen auf ein mit Backpapier ausgelegtes Blech legen und auf der mittleren Schiene etwa 25 Minuten backen.

Lassen Sie die Stangen etwas abkühlen und schneiden Sie sie in ca. 1 cm dicke Scheiben. Legen Sie die Mandelkekse nochmals auf das Backblech und lassen Sie sie weitere 10 Minuten backen.

Die Aprikosen-Cantuccini sind trocken gelagert ca. 2 Monate haltbar.

Die Verpackungsidee für die Cantuccini finden Sie auf Seite 66/67.

Zutaten für 40 Stück

80 g Pinienkerne
100 g getrocknete Aprikosen
250 g Mehl
1 TL Backpulver
150 g Zucker
1 Päck. Vanillezucker
1 TL abgeriebene Zitronenschale
1 Prise Salz
2 Eier
100 g Butter

ca. 40 Min. Zubereitung (plus 35 Min. zum Backen)

PINIENKERN
APRIKOSEN
CANTUCCINI

Schachteln mit Etikett

für die Cantuccini

Übertragen Sie die Schablone auf die Rückseite des Motivkartons und schneiden Sie die Form entlang den durchgezogenen Linien mit der Schere oder dem Cutter aus. Legen Sie an den gestrichelten Linien ein Lineal als Führung an und drücken Sie mit dem Falzbein jeweils eine Rille in den Karton. An den Rillen lässt sich der Karton präzise und sauber falten. Die gepunkteten Linien werden von der Rückseite aus gefalzt.

Für die Befestigung der Knöpfe die Löcher vor der Montage der Schachtel zunächst mit einer Nähnadel vorstechen. Danach werden die Knöpfe mit dickem Garn auf den Karton genäht. Ziehen Sie den Faden des oberen Knopfes nach dem letzten Stich zwischen dem Knopf und dem Karton nach vorne und lassen Sie ihn ca. 15 cm lang stehen.

Schneiden Sie aus weißem Fotokarton ein Etikett zu und bestempeln Sie es mit dem Textstempel. Damit Sie es beim Nähen einfacher haben, legen Sie das Etikett exakt positioniert auf den Motivkarton und stechen die Einstichlöcher der Naht mit der Nähnadel durch beide Kartonlagen vor. Dann das Etikett mit orangefarbenem Ziergarn auf den Motivkarton nähen. Erst ganz am Ende die Schachtel mit doppelseitiger Klebefolie oder einem Klebestift an den Laschen zusammenkleben.

Befüllen Sie die Schachtel mit dem Gebäck und wickeln Sie den überstehenden Faden am oberen Knopf wie eine Acht um beide Knöpfe.

Material

- Motivkarton in Orange-Weiß kariert und gestreift
- Knopf oder Tonpapier und Motivstanzer „Knopf", ca. ø 2 cm
- Fotokarton in Weiß
- Ziergarn in Weiß und Orange
- Stempelkissen in Braun
- Textstempel zum Selbersetzen
- Nadel
- Lineal
- Cutter oder Schere
- Falzbein
- doppelseitige Klebefolie oder Klebestift

Vorlage Seite 145

Kokos-Ananas-Quadrate

Exotik hoch zwei

250 g Butter mit 200 g Zucker schaumig schlagen. Die Eier hinzufügen und cremig rühren. Mischen Sie 200 g Mehl mit dem Backpulver und rühren Sie die Mischung unter die Masse. Zum Schluss den Kokossirup dazugeben.

Verkneten Sie die restliche Butter, den restlichen Zucker und das Mehl sowie die Haferflocken mit den Händen und stellen Sie Streusel her. Die Ananasstückchen werden fein gewürfelt.

Den Teig gleichmäßig in einer Fettpfanne ausstreichen. Die Orangenmarmelade mit einem Esslöffel verteilen und glatt streichen. Geben Sie nun die Ananasstückchen und die Hälfte der Kokosflocken darauf und verteilen Sie dann die Streusel gleichmäßig. Zum Schluss die restlichen Kokosflocken darüberstreuen.

Im vorgeheizten Backofen bei 180 °C auf mittlerer Schiene etwa 30 Minuten backen. Danach 4 cm große Quadrate ausschneiden und auf einem Kuchengitter auskühlen lassen.

Die Kokos-Ananas-Quadrate sind in einer Dose aufbewahrt ca. 6 Wochen haltbar.

Die Verpackungsidee für die Kokos-Ananas-Quadrate finden Sie auf Seite 70/71.

Zutaten für 30 Stück

450 g Butter
400 g Zucker
2 Eier
400 g Mehl, Type 405
1 TL Backpulver
1 EL Kokossirup
75 g Haferflocken
120 g Orangenmarmelade
100 g kandierte Ananas
60 g Kokosflocken

1 Std. Zubereitung
(plus 30 Min. Backzeit)

für
claudia

Häuschen-Schachtel für die Kokos-Ananas-Quadrate

Übertragen Sie die Vorlage auf die Rückseite des Strukturkartons und schneiden Sie die Form entlang den durchgezogenen Linien mit der Schere oder dem Cutter aus. An den gestrichelten Linien legen Sie ein Lineal als Führung an und drücken mit dem Falzbein eine Rille in den Karton. So lässt sich das Papier ohne Brüche falten. Die gepunkteten Linien von der Rückseite aus falzen. Um den Karton glatt zu streichen, fahren Sie anschließend mit der flachen Seite des Falzbeins über die Falze. Bevor Sie die Schachtel montieren, hinterkleben Sie das Sichtfenster mithilfe von doppelseitigem Klebeband mit PVC-Folie.

Für den Fensterrahmen schneiden oder stanzen Sie aus Tonpapier einen Kreis aus. Dann mit der Konturenschere um das Loch herum einen zweiten Kreis ausschneiden oder ausstanzen, sodass Sie einen Rahmen erhalten. Kleben Sie den Rahmen um das Sichtfenster der Schachtel.

Nun die Schachtel mit doppelseitigem Klebeband zusammenkleben: Dabei mit der seitlichen Lasche beginnen und dann den Boden zusammenkleben. Stanzen Sie an den Dreieckslaschen Löcher, durch die Sie einen kleinen Ast schieben.

Schneiden Sie aus Fotokarton bzw. Büttenpapier das Blatt- und das Vogelmotiv aus. Bestempeln Sie das Blatt mit Ihrem Wunschtext und versehen Sie beide Motive mit kleinen Löchern, um Sie auf den Ast zu schieben.

Material

- Strukturkarton in Lila
- Tonpapier in Lila
- Fotokarton in Orange
- Büttenpapier in Grün
- PVC-Folie
- kleiner Ast
- Konturenschere
- doppelseitiges Klebeband
- Stempelkissen in Grün
- Buchstabenstempel „Mini"
- Lochzange oder Locher
- Cutter oder Schere
- Lineal
- Falzbein

Vorlage Seite 146

lecker !!!
lecker !!!
hmm lecker!

Nuss-Schoko-Stangen
verführen zum Naschen

Für den Teig die Butter mit dem Zucker und dem Vanillezucker schaumig schlagen. Das Mehl sieben und in den Teig kneten. Den Teig etwa 30 Minuten kühl stellen.

In der Zwischenzeit kochen Sie die Sahne mit dem Zucker in einem Topf unter ständigem Rühren bei kleiner Hitze etwa 5 bis 10 Minuten ein, bis die Masse dickflüssig ist. Dann die Nüsse unterrühren.

Den Backofen auf 180 °C (Umluft: 160 °C) vorheizen. Verkleinern Sie eine Fettpfanne mithilfe von Alufolie auf die Hälfte und legen Sie diesen Bereich mit Backpapier aus. Rollen Sie den Teig ½ cm dick in Größe der halben Schale aus und legen Sie ihn in die Schale. Den Teig auf der mittleren Schiene etwa 10 Minuten vorbacken, den Belag auf den Teig streichen und auf mittlerer Schiene weitere 10 Minuten backen.

Nach dem Backen sofort die geraspelte Schokolade auf dem noch heißen Belag verteilen. Die Teigplatte noch warm in Rechtecke schneiden.

Die Nuss-Schoko-Stangen sind etwa 2 Monate haltbar.

Die Verpackungsidee für die Nuss-Schoko-Stangen finden Sie auf Seite 76/77.

Zutaten für 30 Stück

Für den Teig:
125 g weiche Butter
125 g brauner Zucker
1 Päck. Vanillezucker
200 g Mehl

Für den Belag:
200 g Sahne
80 g brauner Zucker
220 g gehackte, ungesalzene Nüsse (z. B. Haselnuss, Mandelblättchen und Kürbiskerne)
100 g Zartbitter-schokolade

ca. 1 Std. Zubereitung (plus 20 Min. Backzeit)

ROHE WEIHNACHTEN

Winterliche Dose
für die Nuss-Stangen

Für die Banderole aus Transparentpapier einen 2 cm breiten Streifen zuschneiden, der 2 cm länger als der Dosenumfang ist. Aus Baumwollstoff einen ebenso langen Streifen zuschneiden. Die Breite des Baumwollstoffes wählen Sie so, dass mehr als die Hälfte der Dosenhöhe mit Stoff bedeckt ist.

Den Stoffstreifen in der Mitte rechts auf rechts zusammenlegen und die beiden kurzen Seiten zusammennähen. Die Enden vernähen, die Naht auseinanderbügeln, die Banderole auf rechts drehen und über die Dose ziehen.

Das Transparentpapier können Sie mit Ihrem Wunschtext bestempeln und nach dem Trocknen der Farbe über den Stoff legen. Die Enden werden auf der Rückseite zusammengeklebt.

Schneiden Sie nun einen Stoffkreis zu, dessen Durchmesser etwa 2 cm kleiner ist als der des Dosendeckels und kleben Sie ihn mit doppelseitiger Klebefolie auf die Dose.

Für den Stern aus Transparentpapier acht Rechtecke mit den Maßen 3 cm x 6,8 cm zuschneiden. Zunächst das Rechteck längs in der Mitte falten und wieder öffnen. An den schmalen Seiten je beide Ecken zum Mittelfalz falten. Dann die beiden schrägen Außenkanten an einer Seite noch einmal zum Mittelfalz falten. Wiederholen Sie dies mit allen Rechtecken. Die Grundformen werden nun so zusammengeklebt, dass die stumpfen Spitzen zur Mitte zeigen und jede Grundform an der Mittellinie der Nachbargrundform anliegt.

Legen Sie die Dose großzügig mit Seidenpapier aus und befüllen Sie sie mit Gebäck. Die verschlossene Dose mit einer Kordel umwickeln und den Papierstern unter die Kordel schieben.

Material

- Metalldose in Silber matt, ø 17 cm, 8 cm hoch
- Stoff in Hellblau-Weiß gepunktet
- doppelseitiges Klebeband
- Transparentpapier in Weiß
- Kordel in Rot-Weiß
- Stempelkissen in Blau
- Buchstabenstempel
- Klebeband
- Nähgarn
- Lineal
- Schere oder Cutter
- Nähmaschine

Zarte Mandelplätzchen schmecken immer

Verrühren Sie Butter, Zucker und Zuckerrübensirup mit den Knethaken des Handrührgerätes zu einer homogenen Masse. Fügen Sie Mehl, Gewürze, Natron und Salz hinzu und formen Sie den Teig zu einer Kugel. Den Teig in Frischhaltefolie gewickelt etwa 1 Stunde im Kühlschrank ruhen lassen.

Rollen Sie den Teig dann auf einer mit Mandeln bestreuten Arbeitsfläche aus. Dann den Backofen auf 180 °C vorheizen. Den Teig in 4 cm x 5 cm große Rechtecke schneiden und mit den Mandeln nach oben auf ein mit Backpapier ausgelegtes Blech legen. Auf der mittleren Schiene etwa 5 bis 8 Minuten backen. Lassen Sie die Kekse gut auskühlen, bevor Sie sie verpacken.

Die Mandelplätzchen sind ca. 2 Monate haltbar.

Die Verpackungsidee für die Mandelplätzchen finden Sie auf Seite 80/81.

Zutaten für 50 Stück

150 g Butter
100 g Zucker
3 EL Zuckerrübensirup
250 g Mehl, Type 405
1 TL gemahlener Ingwer
1 TL gemahlener Zimt
½ TL gemahlener Macis (Muskatblüte)
½ TL gemahlene Gewürznelken
½ TL Natron
1 Pr. Salz
10 EL gehobelte Mandeln

ca. 50 Min. Zubereitung (plus 1 Std. Ruhezeit und 5-8 Min. Backzeit)

Schiebeschachteln

für die Mandelplätzchen

Übertragen Sie die Vorlage auf die Rückseite des Fotokartons und schneiden Sie die Form entlang den durchgezogenen Linien mit der Schere oder dem Cutter aus. Legen Sie das Lineal an die gestrichelten Linien an und fahren Sie diese mit dem Falzbein nach. An den entstandenen Rillen lässt sich der Karton einfach und ohne Brüche falten. Anschließend können Sie mit der flachen Seite des Falzbeins über den Falz streichen und den Karton glatt drücken.

Aus dem rechteckigen Faltbogen entsteht die Außenhülle der Schachtel. Bekleben Sie die schmale Lasche mit doppelseitigem Klebeband und befestigen Sie diese an der Innenseite der gegenüberliegenden Kante.

Aus dem zweiten Faltbogen wird das Schubfach hergestellt. Dazu die vier Seitenwände im rechten Winkel nach oben falten und die Klebelaschen ebenfalls im rechten Winkel aufstellen. Die Laschen an den langen Seitenwänden befestigen. Anschließend die äußeren Rechtecke, die der Stabilisierung dienen, in das Schubfachinnere umschlagen.

Abschließend dekorieren Sie die Schachteln mit den goldenen Klebepunkten, der Papierbordüre oder den Tassenuntersetzern.

Material

- Fotokarton in Rosa und Pink
- Tassenuntersetzer in Gold
- Klebepunkte in Gold
- Papierbordüre in Gold
- Cutter oder Schere
- Klebstoff
- Lineal
- Falzbein
- doppelseitiges Klebeband

Vorlage Seite 154

Marmorierte Brownies machen Lust auf mehr

Die Eier mit der Butter, dem Zucker und dem Vanillezucker schaumig schlagen, dann Mehl, Salz und Natron hinzufügen. Zwei Drittel der Masse in eine Backform mit der Größe 20 cm x 20 cm geben.

Unter den restlichen Teig rühren Sie das Kakaopulver und die Milch. Geben Sie den dunklen Teig auf den hellen und mischen Sie ihn mit einer Gabel vorsichtig unter (marmorieren).

Den Backofen auf 200 °C vorheizen und die Brownies etwa 25 Minuten auf der mittleren Schiene backen. Den Teig auskühlen lassen und in Quadrate schneiden.

Die Brownies sind ca. eine Woche haltbar.

Die Verpackungsidee für die Brownies finden Sie auf Seite 84/85.

Zutaten für 16 Stück

125 g weiche Butter
2 Eier
200 g Zucker
1 Päck. Vanillezucker
250 g Mehl
½ TL Natron
1 Prise Salz
1 EL Kakao
3 EL Milch

30 Min. Zubereitung
(plus 25 Min. Backzeit)

Frohes Fest
Frohes Fest

Schachteln „to take away“
für die Brownies

Bekleben Sie den Deckel der Aluschale mit rotem Tonpapier. Übertragen Sie die Vorlage auf die Rückseite des weißen Tonpapiers und schneiden Sie die durchgezogenen Linien mit einem Cutter nach. Die Motive an den gestrichelten Linien falten.

Die Rückseite des weißen Papiers mit einem Klebestift bestreichen – die Motive werden dabei ausgespart – und das weiße Papier auf den roten Untergrund kleben. Nun können die Motive nach oben geklappt werden.

Für das Etikett schneiden Sie aus weißem Tonpapier ein 3 cm x 7 cm großes Rechteck aus, dessen Ecken an einer der kurzen Seiten abgeschrägt werden. Kleben Sie das Rechteck auf rotes Tonpapier. Schneiden Sie das rote Tonpapier mit einem 3 mm breiten Rand aus. Beschriften oder bestempeln Sie dann das Etikett. Stanzen Sie mithilfe eines Lochers oder einer Lochzange ein Loch in das Etikett, das Sie mit einer Öse versehen. Umwickeln Sie die Aluschale mit einer Kordel und fädeln Sie das Etikett auf.

Material

- Aluschale
- Tonpapier in Rot und Weiß
- Kordel in Rot-Weiß
- Stempelkissen mit Stempel „Frohes Fest“ oder Farbstift in Rot
- Öse in Silber
- Locher oder Lochzange
- Nietenzange
- Cutter
- Klebestift

Vorlage Seite 147

Süße Verführung

Hier kommen Naschkatzen voll auf ihre Kosten. Schokolade, Marzipan, Nüsse, Früchte und vieles mehr sind die Zutaten, aus denen im Handumdrehen kleine Leckereien gezaubert werden. Ohne großen Aufwand – und immer ein Genuss!

Diese kleinen Köstlichkeiten machen glücklich! Mandel-Schoko-Keks-Kugeln, Erdnuss-Cranberry-Küsschen, Himbeergeleewürfel oder Knusperkekse sind Nahrung für die Seele. Probieren Sie's aus, lassen Sie die Seele baumeln und gönnen Sie sich kleine Genussmomente.

Knusperkekse
Knabberspaß für alle

Lassen Sie die Schokolade mit oder ohne Kokosfett in einer Schüssel über dem warmen Wasserbad schmelzen. Rösten Sie in einer beschichteten Pfanne die Mandelsplitter und hacken Sie grob die Cranberries.

Die ausgekühlten festen Zutaten in einen Gefrierbeutel geben und die Cornflakes dabei leicht zerkrümeln. Die festen Zutaten werden nun in die geschmolzene Schokoladenmasse gerührt. Setzen Sie mit zwei Esslöffeln die Masse als Häufchen auf ein Backpapier und lassen Sie sie trocknen.

Die Knusperkekse halten sich kühl und trocken gelagert ca. 8 bis 12 Wochen.

Die Verpackungsidee für die Knusperkekse finden Sie auf Seite 92/93.

Zutaten für jeweils 18–25 Stück

Dunkle Knusperkekse:
200 g Vollmilch-schokolade
50 g Cornflakes
50 g Mandelsplitter

Helle Knusperkekse:
200 g weiße Schokolade
20 g Kokosfett
50 g Cornflakes
50 g Mandelsplitter
50 g getrocknete Cranberries

25 Min. Zubereitung

Schachtel mit Deko für die Knusperkekse

Übertragen Sie die Vorlage auf die Rückseite des Fotokartons oder Scrapbook-Papiers und schneiden Sie die Form entlang den durchgezogenen Linien mit der Schere oder dem Cutter aus. An den gestrichelten Linien ein Lineal als Führung anlegen und mit dem Falzbein Rillen in den Karton drücken, an denen sich der Karton später ohne Brüche falten lässt. Die gepunkteten Linien werden von der Rückseite her gefalzt. Um den Karton glatt zu streichen, fahren Sie anschließend mit der flachen Seite des Falzbeins über die Falze.

Falten Sie den Karton in Form und kleben Sie die dreieckigen Laschen an die Seitenwände. Legen Sie um die Schachtel Schleifenband oder Packpapierstreifen, die Sie auf der Schachtelunterseite zusammenfügen.

Schneiden oder stanzen Sie aus Tonpapier oder Scrapbook-Papier fünf Kreise mit einem Durchmesser von etwa 6 cm aus, die Sie jeweils in der Mitte falten und dann mit einer Hälfte an den benachbarten Halbkreis kleben.

Die Halbkugel wird auf der Unterseite mit doppelseitigem Klebeband versehen und auf dem Geschenkband oder der Papierbanderole fixiert.

Tipp: Aus zwei zusammengeklebten Halbkugeln wird eine hübsche Dekoration zum Aufhängen. Legen Sie einfach vor dem Zusammenkleben einen Faden in die Mitte der Kugel.

Material

- Fotokarton oder Scrapbook-Papier in Türkis bzw. Braun-Türkis gemustert
- Packpapier
- Schleifenband in Türkis, ca. 1 cm breit
- Klebstoff
- Cutter oder Schere
- Falzbein
- Lineal
- Motivstanzer „Kreis", ø 6 cm, oder Schere
- doppelseitiges Klebeband

Vorlage Seite 148

Marzipankonfekt

beliebter Klassiker

Schmelzen Sie die Kuvertüre im warmen Wasserbad. Lassen Sie für die Pralinen mit Williamsgeist in 200 g Rohmarzipan 1 EL Williamsgeist einziehen und rollen Sie das Marzipan auf einer mit Puderzucker besiebten Fläche 1 cm dick aus. Schneiden Sie die Masse in gleich große Rechtecke (1 cm x 2 cm), tauchen Sie diese mit einem Rouladenspieß in die warme Kuvertüre ein und setzen Sie sie auf ein Gitter zum Trocknen. Verzieren Sie die Pralinen dann entweder mit einer Viertel Walnuss oder mit Mandelsplittern.

Für die Pistazienpralinen in 200 g Rohmarzipan 1 EL Cointreau einziehen lassen und die fein gehackten Pistazien einarbeiten. Dann die Marzipanmasse wie bei den Pralinen mit Williamsgeist beschrieben weiterverarbeiten.

Das Marzipan-Konfekt ist kühl und trocken gelagert bis zu 12 Wochen haltbar.

Die Verpackungsidee für das Konfekt finden Sie auf Seite 96/97.

Zutaten für jeweils 20 Stück

200 g Vollmilch-
kuvertüre
10 Walnusshälften
3 EL Mandelsplitter
20 Pistazienkernhälften

Zusätzlich für die Pralinen mit Williamsgeist:
200 g Rohmarzipan
1 EL Williamsgeist
Puderzucker

Zusätzlich für die Pistazienpralinen:
200 g Rohmarzipan
1 EL Cointreau
20 g fein gehackte
Pistazien
Puderzucker

1 Std. Zubereitung

hmm lecker!
für dich!
frohes fest!

hmm lecker !
fest !
für dich !

Weihnachtsdosen für das Marzipankonfekt

Entfernen Sie zunächst mit warmem Wasser die Etiketten von handelsüblichen Konservendosen. Für die Banderolen schneiden Sie aus Scrapbook- oder Packpapier Streifen, die einen Zentimeter länger als der Dosenumfang sind. Die oberen Kanten schneiden Sie mit der Konturenschere aus. Befestigen Sie jeweils das Papier mit doppelseitigem Klebeband an der Dose und kleben Sie weihnachtliche Glanzbilder darüber. Der obere Dosenrand kann zusätzlich mit Bändern verschönert werden.

Bestempeln Sie für die Etiketten mithilfe von kleinen Buchstabenstempeln Fotokarton oder Scrapbook-Papier und schneiden Sie anschließend den Text in Form einer Sprechblase aus. Für einen plastischen Eindruck hinterkleben Sie die Sprechblasen mit 3-D-Klebepads, bevor Sie sie auf der Dose befestigen.

Stellen Sie kleine Zellophantüten in die Dosen und befüllen Sie diese mit den Marzipanpralinen. Verwenden Sie Bänder oder Kordeln, um die Tüten zu verschließen.

Material

- Konservendosen
- Zellophantüten
- Scrapbook-Papier in Grün-Rot oder Packpapier
- Glanzbilder
- Kordel
- Zackenlitze
- doppelseitiges Klebeband
- 3-D-Klebepads
- Stempelkissen in Rot
- Buchstabenstempel „Mini"
- Konturenschere

Vorlage Seite 143

Kleine Warenkunde

Schokolade

Milchschokolade
Sie enthält neben Milchpulver mehr Kakaobutter und weniger Kakaopulver als dunkle Schokolade. Haushalts-Milchschokolade heißt sie ab einer Kakaomasse von 20 %, Milchschokolade ab 25 % Kakaomasse, ab 30 % wird von Vollmilchschokolade gesprochen.

Dunkle Schokolade

Milchschokolade

Edelschokolade

Dunkle Schokolade
Diese Tafel gilt als die beste, sie enthält mehr Kakaopulver und weniger Kakaobutter als Milchschokolade. Was zählt, ist die gesamte Kakaomasse: Ab 43 % Kakaomasse spricht man von Zartbitter-, ab 50 % von Halbbitterschokolade und ab 60 % von Bitter- oder Herrenschokolade.

Edelschokolade
Die edle Tafel enthält mindestens 40 % Kakaobohnen des als besonders fein geltenden Criollo-Kakaos – im Gegensatz zu den meisten normalen Schokoladen, die mit der Forasterobohne auskommen müssen.

Weiße Schokolade

Diese Schokolade ist frei von Kakaopulver; sie enthält nur die Kakaobutter aus der Kakaomasse. Milch und Zucker sind weitere Standardzutaten der weißen Schokolade.

Weiße Schokolade

Kuvertüre

Kuvertüre

Im Vergleich zur Schokolade enthält sie mehr Kakaobutter, damit sie geschmeidiger ist und erkalteten Cremes oder Glasuren einen guten Stand gibt. Das Spektrum reicht von einfacher Kochschokolade bis hin zu feinsten belgischen Produkten für die Sterneküche. Kuvertüre gibt es ebenfalls in Dunkel, Hell und Weiß.

Himbeergeleewürfel
süßer Fruchtgenuss

Die Himbeeren abbrausen und putzen. Die Himbeeren zusammen mit dem Zitronensaft in einen Topf geben und aufkochen, sodass sie zerfallen und sich leicht pürieren lassen.

Lassen Sie inzwischen die Gelatine in kaltem Wasser einweichen. Kochen Sie das Himbeerpüree mit Vanillemark und Gelierzucker erneut auf und lassen Sie es dann 4 Minuten unter ständigem Rühren sprudelnd kochen. Drücken Sie nun die Gelatine aus und rühren Sie sie nach und nach in die heiße, aber nicht mehr kochende Masse.

Inzwischen eine hitzebeständige Form mit Öl einpinseln und mit Backpapier auslegen. Das Gelee einfüllen und mindestens 6 Stunden – besser über Nacht – auskühlen und fest werden lassen.

Legen Sie ein Backblech mit Backpapier aus und besieben Sie es großzügig mit Zucker. Schneiden Sie das Gelee in Würfel und wälzen Sie die Würfel auf dem Blech mit Zucker. Lassen Sie die Geleewürfel erneut trocknen, bevor Sie sie verpacken.

Die Himbeergeleewürfel halten sich im Kühlschrank etwa 4 Wochen.

Die Verpackungsidee für die Geleewürfel finden Sie auf Seite 102/103.

Zutaten für 30 Stück

500 g Himbeeren (frisch oder tiefgekühlt)
Saft von 1 Zitrone
1 TL Vanillemark
500 g Gelierzucker 3:1
6 Blatt Gelatine
Zucker zum Bestäuben

30 Min. Zubereitung (plus mind. 6 Std. Kühlzeit)

HIMBEERGELEEWÜRFEL

Klappetiketten für die Himbeergeleewürfel

Material

- Zellophantüte
- Geschenkpapier in Rosa mit Rankenmuster
- Tonpapier in Rosa und Creme
- Cutter
- Bordürenstanzer oder Konturenschere
- Lineal
- Schreibmaschine oder Computer

Schneiden Sie aus Geschenk- oder Tonpapier ein Rechteck aus, das ca. 1 cm breiter als die von Ihnen verwendete Zellophantüte und etwa 11 cm hoch ist. Das Rechteck in der Mitte zu einem Etikett falten und parallel zum Falz an den Enden mit der Konturenschere oder dem Bordürenstanzer in Form bringen. Stülpen Sie das Etikett über die Tütenöffnung und schneiden Sie 1,5 cm von den seitlichen Rändern entfernt je einen 2 cm hohen Schlitz durch alle Materiallagen.

Schreiben oder drucken Sie Ihren Wunschtext auf Tonpapier und schneiden Sie einen 8 mm hohen Streifen aus dem Papier, den Sie anschließend auf Ton- oder Geschenkpapier kleben und mit einem Überstand von 4 mm ausschneiden. An den schmalen Seiten kleine Dreiecke aus dem Papier ausschneiden.

Ist die Tüte mit den Geleewürfeln gefüllt, stülpen Sie das Etikett wieder über die Tütenöffnung und schieben anschließend den schmalen Papierstreifen durch die seitlichen Schlitze.

Mandel-Schoko-Keks-Kugeln

rund und gut

Zuerst die Kuvertüre fein hacken. Geben Sie dann die Kuvertüre zusammen mit der Sahne in eine Schale, setzen Sie diese in ein Wasserbad und bringen Sie alles zum Schmelzen. Verrühren Sie Sahne und Kuvertüre mit einer Gabel zu einer samtigen Creme.

Inzwischen die Löffelbiskuits in einen Gefrierbeutel geben und mit einem Nudelholz zerbröseln. Keksbrösel und Mandeln unter die Kuvertüre rühren und die Masse mindestens 2 Stunden kalt stellen.

Geben Sie die gerösteten Mandeln in einen tiefen Teller. Stechen Sie nach und nach mit einem Teelöffel kleine Portionen von der Schokomasse ab. Rollen Sie sie zügig zwischen den Handflächen zu Kugeln und wälzen Sie sie dann in den Mandeln. Die Kugeln im Kühlschrank fest werden lassen und auch dort lagern.

Tipp: Wenn keine Kinder mitessen, lassen sich die Kugeln mit 2 EL Cognac oder Kirschwasser verfeinern.

Die Mandel-Schoko-Keks-Kugeln sind ca. 6 Wochen im Kühlschrank haltbar.

Die Verpackungsidee für die Kugeln finden Sie auf Seite 106/107.

Zutaten für 30 Stück

200 g Kuvertüre
100 ml süße Sahne
100 g Löffelbiskuits
30 g blanchierte, gehackte Mandeln
80 g blanchierte, gehackte und geröstete Mandeln

45 Min. Zubereitung (plus 2 Std. Kühlzeit)

Mandel-Schoko-Keks-Kugeln
Mandel-Schoko-Keks-Kugeln

Wundertüten

für die Schokokugeln

Material

Scrapbook-Papier in Grün-Orange-Rosa gemustert
Seidenpapier in Orange und Weiß
doppelseitiges Klebeband
Tonpapier in Weiß und Orange
Zirkel
Schere oder Cutter
Konturenschere mit Wellenrand
Filzstift

Ziehen Sie mit einem Zirkel (Radius 16 cm) auf Scrapbook-Papier ein Kreisviertel und geben Sie an einer geraden Seite einen 1 cm breiten Rand hinzu, der als Klebelasche dient. Schneiden Sie das Papier aus und ziehen Sie es mehrmals über die Tischkante, sodass das Papier die Form einer Wundertüte erhält. Kleben Sie die Klebelasche mit doppelseitigem Klebeband auf die gegenüberliegende gerade Seite des Papiers.

Zerknüllen Sie einen etwa DIN A4 großen Seidenpapierbogen, dessen eine lange Seite mit der Konturenschere gestaltet wurde, und streichen Sie ihn wieder glatt. Bekleben Sie den Rand der Tütenöffnung mit einem 3 mm breiten doppelseitigen Klebeband und kleben Sie das Seidenpapier darüber.

Für das Etikett einen etwa 30 cm x 1,5 cm langen Tonpapierstreifen zuschneiden. Aus den Enden des Papierstreifens Dreiecke herausschneiden. In der Mitte des Streifens mit dem Cutter einen etwa 2 cm breiten Schlitz schneiden.

Den beschrifteten Streifen legen Sie um das Seidenpapier. Führen Sie das eine Streifenende durch den Schlitz und ziehen Sie es soweit durch, dass der Papierstreifen das Seidenpapier zusammenhält.

Erdnuss-Cranberry-Küsschen

Baiser zum Anbeißen

Die Erdnüsse und Cranberries mit einem Messer hacken. Das Eiweiß mit dem Salz steifschlagen, nach und nach den Zucker einrieseln lassen und weitere 10 Minuten schlagen. Mit einem Esslöffel die Erdnüsse und Cranberries unterheben.

Setzen Sie mit zwei Teelöffeln kleine Häufchen auf ein mit Backpapier ausgelegtes Blech. Heizen Sie den Backofen auf 150 °C vor. Die Küsschen etwa 30 Minuten bei Ober- und Unterhitze backen (keine Umluft!). Anschließend im Backofen trocknen lassen.

Die Erdnuss-Cranberry-Küsschen sind kühl und trocken gelagert ca. 4 Wochen haltbar.

Die Verpackungsidee für die Erdnuss-Cranberry-Küsschen finden Sie auf Seite 110/111.

Zutaten für 40 Stück

100 g geröstete, ungesalzene Erdnüsse
50 g getrocknete Cranberries
2 Eiweiß
1 Prise Salz
125 g Zucker
1 TL Lebensmittelfarbe in Rot

30 Min. Zubereitung (plus 30 Min. Backzeit)

FÜR DICH
FÜR DICH

Konfetti-Tüten
für die Erdnuss-Cranberry-Küsschen

Material

Butterbrottüten
Zellophantüten
Klebstoff
Transparentpapier
Papierreste in Rosa, Pink, Braun, Gold und Transparent
Cutter
Schere
Stempelkissen in Pink
Buchstabenstempel
Büroklammer
Motivstanzer „Kreis“, ø 1,5 cm, oder Schere
Zirkel
Nähmaschine
Nähgarn in Pink

Zeichnen Sie mithilfe eines Zirkels in die Mitte einer Butterbrottüte einen Kreis mit einem Durchmesser von 6 cm und schneiden Sie ihn mit einem Cutter aus. Legen Sie zuvor ein Stück Pappe in die Brottüte, um die Rückseite der Tüte nicht zu zerschneiden.

Aus Papierresten schneiden oder stanzen Sie Kreise mit einem Durchmesser von ca. 1,5 cm aus. Bestreichen Sie den Rand des Sichtfensters in der Papiertüte großzügig mit Flüssigklebstoff und lassen Sie den Klebstoff etwas antrocknen. Danach streuen Sie die Konfetti über den Klebstoff. Solange der Klebstoff noch feucht ist, lassen sich einzelne Papierkreise noch zurechtschieben.

Für das Etikett schneiden Sie aus Transparentpapier zwei Rechtecke mit den Maßen 3 cm x 16 cm zu. Runden Sie die schmalen Seiten der Rechtecke mit der Schere ab und bestempeln Sie die oberste Lage mit Ihrem Wunschtext. Ist die Stempelfarbe getrocknet, werden zwischen die beiden Papierlagen einzelne Konfetti gelegt und die Ränder im Zickzackstich zusammengenäht.

Das Gebäck füllen Sie in Zellophantüten, die Sie in die Papiertüte schieben. Die Tütenöffnung nach hinten falten und mit einer runden Büroklammer verschließen, an die zum Schluss das Etikett geheftet wird.

Herzhaftes

Aus dem Backofen kommen nicht nur süße Köstlichkeiten, sondern auch herzhafte Leckereien. Pikante Rezepte wie Tomaten-Grissini, Olivenbaguette oder Steinpilzcracker sind etwas ganz Besonderes für fröhliche Stunden mit Freunden oder der Familie.

hmm lecker!
lecker !!!
frisch aus dem Ofen!
frisch aus dem Ofen!

Olivenbaguette
frisch aus
dem Ofen!

Brote und
Brötchen sind ein
klassisches Produkt jeder
Backstube. Daher finden Sie in
diesem Buch auch herzhafte Rezepte
fürs Picknick, das Abendbrot oder die
Party. Probieren Sie die originellen
Varianten beliebter Klassiker
wie Grissini oder
Baguette.

Olivenbaguette

Geschmack aus Südfrankreich

Geben Sie die verschiedenen Mehlsorten in eine Schüssel und fügen Sie Hefe und Zucker hinzu. Gießen Sie Olivenöl und lauwarmes Wasser an und geben Sie dann Salz, Rosmarin und Oliven dazu. Alles zu einem geschmeidigen Teig kneten und an einem warmen Ort gehen lassen, bis sich das Volumen des Teiges verdoppelt hat.

Aus dem Teig drei gleich große Rollen formen, in die mit einem Messer alle 5 cm etwa 1 cm tief eingeschnitten wird. Heizen Sie den Backofen auf 200 °C vor und legen Sie ein Backblech mit Backpapier aus. Die drei Brotstangen daraufsetzen und noch einmal 15 Minuten gehen lassen. Dann die Brote mit Parmesan bestreuen. Lassen Sie sie auf mittlerer Schiene etwa 25 Minuten backen.

Das Olivenbaguette ist 1 bis 2 Tage haltbar. Backen Sie das Brot vor dem Verzehr am besten noch einmal kurz auf.

Die Verpackungsidee für das Olivenbaguette finden Sie auf Seite 118/119.

Zutaten für 3 Brote

150 g Weizenmehl, Type 505
250 g Roggenmehl, Type 1150
100 g Maismehl
1 Päck. Trockenhefe
1 EL Zucker
6 EL Olivenöl
¼ l Wasser
1 TL Salz
1 TL fein gehackte Rosmarinnadeln
150 g grob gehackte schwarze Oliven
3 EL frisch geriebener Parmesan

30 Min. Zubereitung (plus Gehzeit und 25 Min. Backzeit)

frisch aus dem Ofen!
Olivenbaguette

Kleine Tafeln
für das Olivenbaguette

Schneiden Sie mit der Zickzackschere einen etwa 8 cm x 100 cm langen Stoffstreifen zu, mit dem Sie das Baguette umwickeln.

Für das Etikett schneiden Sie aus der Pappe 5 cm x 12 cm große Rechtecke aus und schrägen an einer der kurzen Seite die Ecken ab. Stanzen Sie mit einem Locher oder einer Lochzange ein Loch in das Etikett. Danach bestreichen Sie die Pappe auf beiden Seiten mit Tafelgrund.

Sollte die erste Schicht nicht völlig decken, den Vorgang wiederholen. Wenn die Farbe vollständig getrocknet ist, eine Öse anbringen und das Schildchen mit weißer Tafelkreide oder einem Kreidestift beschriften. Durch die Öse führen Sie eine Kordel und binden diese an den Stoffstreifen.

Material

- Stoff in Rot-Natur und Grün-Natur kariert
- Pappe, 1 mm stark
- Tafelgrund
- Metallöse
- Ösenzange
- Kordel
- Tafelkreide in Weiß
- Kreidestift
- Zickzackschere
- Cutter
- Lochzange oder Locher
- Pinsel

Tomaten-Grissini mit Fenchelsamen

Geben Sie alle Zutaten für den Teig in eine Schüssel, verkneten Sie sie zu einem geschmeidigen Teig und lassen Sie diesen an einem warmen Ort gehen, bis sich sein Volumen verdoppelt hat.

Die Zutaten zum Bestreichen in ein Schälchen geben und verrühren. Den Backofen auf 200 °C vorheizen. Den Teig 1–2 cm dick ausrollen und mit einem Pizzarad in lange, dünne Streifen schneiden. Die Streifen rund rollen. Legen Sie die Grissini dann auf ein mit Backpapier ausgelegtes Blech und bestreichen Sie sie mit der Ölmischung. Auf mittlerer Schiene etwa 15 Minuten backen.

Die Tomaten-Grissini sind kühl und trocken gelagert etwa 1 Woche haltbar.

Die Verpackungsidee für die Tomaten-Grissini finden Sie auf Seite 122/123.

Zutaten für 20 Stangen

Für den Teig:
250 g Weizenmehl, Type 1050
1 TL Trockenhefe
1 TL Salz
1 TL Zucker
1 EL Olivenöl
1 TL gestoßene Fenchelsamen
4 fein gehackte getrocknete Tomaten
150 ml Wasser

Zum Bestreichen:
2 EL Olivenöl
2 EL frisch geriebener Parmesan
1 EL Fenchelsamen
¼ TL Paprikapulver, edelsüß
¼ TL Salz

ca. 40 Min. Zubereitung (plus Geh- und 15 Min. Backzeit)

FENCHEL-TOMATEN-GRISSINI

Schmucke Dosen

für die Grissini

Entfernen Sie mit warmem Wasser das Etikett einer handelsüblichen Konservendose. Für die Banderole schneiden Sie aus Scrapbook-Papier einen Streifen, der etwa 4,5 cm hoch und 1 cm länger als der Dosenumfang ist. Der Dosenumfang lässt sich mit einem Faden ermitteln.

Aus Büttenpapier einen ebenso langen und 2 cm hohen Streifen reißen. Ihren Wunschtext schreiben oder drucken Sie auf Tonpapier und schneiden ihn dann als schmalen Streifen aus dem Papier aus. Kleben Sie die drei Papierstreifen übereinander um die Dose.

Die Grissini in die Dose füllen und mit naturfarbenem Bast umwickeln. Zusätzlich können Sie den Bast durch einen Knopf fädeln, den Sie mit einem Motivstanzer aus Scrapbook- oder Tonpapier ausstanzen. Alternativ können Sie auch einen echten Knopf verwenden.

Material

- Konservendose
- Scrapbook-Papier in Grün-Weiß gemustert
- Büttenpapier in Grün
- Tonpapier in Creme
- Klebstoff
- Knopf oder Knopfstanzer, ø ca. 2 cm
- Naturbast
- Lineal
- Schere oder Cutter
- Schreibmaschine oder Drucker

Zwiebelbrötchen

beliebter Party-Snack

Weizenmehl, Roggenmehl, Trockenhefe, Zucker, Röstzwiebeln, Kürbiskerne und Salz in eine Schüssel geben. Die Buttermilch erwärmen und zu den anderen Zutaten geben. Kneten Sie dann alles zu einem geschmeidigen Teig und lassen Sie ihn an einem warmen Ort gehen, bis sich sein Volumen verdoppelt hat.

Den Backofen auf 200 °C vorheizen, dann den Teig zu 20 kleinen Kugeln formen. Ein Backblech mit Backpapier auslegen und die Teigkugeln daraufsetzen, nochmals gehen lassen und mit dem Messer ein Kreuz auf die Brötchen drücken. Auf mittlerer Schiene etwa 20 Minuten backen.

Die Zwiebelbrötchen sind etwa 3 bis 4 Tage haltbar.

Die Verpackungsidee für die Zwiebelbrötchen finden Sie auf Seite 126/127.

Zutaten für 18 Stück

400 g Weizenmehl, Type 405
100 g Roggenmehl, Type 1050
1 Päck. Trockenhefe
1 EL Zucker
100 g Röstzwiebeln (Fertigprodukt)
5 EL fein gehackte Kürbiskerne
1 TL Salz
350 ml Buttermilch

ca. 30 Min. Zubereitung (plus Geh- und 20 Min. Backzeit)

zwiebelbrötchen
zwiebelbrötchen

Ländliche Papiertüten
für die Zwiebelbrötchen

Halbieren Sie eine Zwiebel und lassen Sie die Schnittfläche einige Stunden antrocknen, bis sich die einzelnen Zwiebellagen an der Oberfläche abzeichnen. Tragen Sie weiße Stempelfarbe auf die Schnittfläche auf und bestempeln Sie damit die Packpapiertüten.

Mit der Zackenschere einen schmalen Stoffstreifen zuschneiden, einen Papierstreifen mit kleinen Buchstabenstempeln bestempeln und beide Streifen in der Mitte falten.

Ist die Tüte mit den Zwiebelbrötchen befüllt, Stoffstreifen und Papieretikett über die umgeschlagene Tütenöffnung stülpen und mit einer Rundkopf-Wäscheklammer fixieren.

Material

- Packpapiertüte mit Standboden, ca. 19,5 cm x 29 cm
- Zwiebel
- Rundkopf-Wäscheklammer aus Holz
- Stoff in Rot-Weiß kariert
- Kopierpapier in Weiß
- Stempelkissen in Rot
- Buchstabenstempel „Mini"

macht!

Steinpilzcracker

Würziges zum Aperitif

Das Eiweiß mit dem Puderzucker verrühren. Mehl, Grieß, Salz und Steinpilzpulver sowie Kräutermischung und Öl unterrühren. Den Teig 30 Minuten ruhen lassen.

Den Backofen auf 180 °C vorheizen. Streichen Sie die Masse dünn auf zwei mit Backpapier ausgelegte Bleche und backen Sie sie 5 bis 8 Minuten bei mittlerer Hitze. Brechen Sie die Teigplatten in Stücke oder schneiden Sie sie mit einem Pizzarad in Dreiecke.

Die Steinpilzcracker sind trocken und luftig gelagert ca. 6 Wochen haltbar.

Die Verpackungsidee für die Steinpilzcracker finden Sie auf Seite 132/133.

Zutaten für 50 Stück

3 Eiweiß
20 g Puderzucker
75 g Mehl, Type 405
25 g Maisgrieß
20 g getrocknete und gemahlene Steinpilze
1 TL Salz
1 TL italienische Kräutermischung
75 g Olivenöl

ca. 20 Min. Zubereitung (plus Ruhe- und 5–8 Min. Backzeit)

lecker !!!

Faltschachteln

für die Steinpilzcracker

Übertragen Sie die Vorlage auf weißen Fotokarton und schneiden Sie die Form mit der Schere oder dem Cutter aus. Für die Falze ein Lineal als Führung an den gestrichelten Linien anlegen und mit dem Falzbein daran entlangfahren. An den entstandenen Rillen lässt sich der Karton einfach und ohne Brüche falten. Die gepunkteten Linien werden von der Kartonrückseite aus gefalzt. Fahren Sie anschließend mit der flachen Seite des Falzbeins über die Falze, bis der Karton glatt gestrichen ist.

Stanzen Sie mit einer Lochzange oder stechen Sie mit einer dicken Nadel Löcher für die zwei Rundkopfklammern in den Karton. Die Klammern durchstecken und befestigen. Füllen Sie die Steinpilzcracker in die Schachtel und schieben Sie die Verschlusslasche in den dafür vorgesehenen Schlitz.

Für das Etikett aus weißem Fotokarton ein 10 cm x 3,3 cm großes Rechteck zuschneiden und an einer kurzen Seite abgeschrägen. Stanzen Sie ein Loch mit einem Locher oder einer Lochzange in den Karton und bekleben Sie den Anhänger mit einem braunen Lochverstärker.

Bestempeln Sie mit den Buchstabenstempeln das 6 cm x 1,2 cm große Schildchen. Zwischen die beiden Kartonlagen einen mit der Zackenschere zugeschnittenen Stoffstreifen legen und die drei Lagen mit der Nähmaschine zusammennähen. Binden Sie zum Schluss eine rot-weiße Kordel um die Schachtel und fädeln Sie das Etikett auf.

Material

- Fotokarton in Weiß
- 2 Rundkopfklammern
- Stoffrest in Rot-Weiß kariert
- Kordel in Rot-Weiß
- Lochverstärker in Natur
- Stempelfarbe in Rot
- Nähgarn
- Falzbein
- Lineal
- Cutter oder Schere
- Nähmaschine
- Zackenschere
- Buchstabenstempel „Mini"
- Lochzange oder Locher

Vorlage Seite 155

Kastanien-Orangeat-Brot
mal etwas anderes

Das Orangeat fein hacken. Kastanienmehl und Weizenmehl zusammen mit Orangeat, Trockenhefe, Zucker, Salz und Butter in eine Schüssel geben und das Wasser lauwarm zu den Zutaten geben. Verkneten Sie alles zu einem geschmeidigen Teig und lassen Sie ihn an einem warmen Ort gehen, bis sich sein Volumen verdoppelt hat.

Heizen Sie den Backofen auf 200 °C vor. Formen Sie den Teig zu einem Fladen. Legen Sie ein Backblech mit Backpapier aus und setzen Sie den Teigfladen darauf, lassen Sie ihn nochmals gehen und drücken Sie mit dem Messer ein Gittermuster auf das Brot. Den Laib mit Wasser bepinseln und auf mittlerer Schiene etwa 20 Minuten backen.

Das Kastanien-Orangeat-Brot ist etwa 2–3 Tage haltbar.

Die Verpackungsidee für das Brot finden Sie auf Seite 136/137.

Zutaten

30 g Orangeat
150 g Kastanienmehl
100 g Weizenmehl
½ Päck. Trockenhefe
1 EL Zucker
½ TL Salz
50 g Butter
125 ml Wasser

ca. 30 Min. Zubereitung (plus Geh- und 20 Min. Backzeit)

kastanien
orangeat
fladen

Stoffsäckchen
für das Kastanien-Brot

Schneiden Sie aus dem Stoff ein 25 cm x 62 cm großes Rechteck aus (inkl. Nahtzugabe) und bügeln Sie den Stoff, damit er glatt ist und die Stempelfarbe gut aufnehmen kann.

Für den Stempel pausen Sie die Vorlage mit einem Bleistift auf Transparentpapier durch. Das Papier auf den Stempelgummi legen, sodass die Zeichnung zum Gummi zeigt, und mit dem Fingernagel darüberreiben, bis sich das Motiv komplett auf den Gummi übertragen hat. Der Gummi kann nun schon grob auf die Motivgröße zugeschnitten werden.

Schnitzen Sie mit dem feinsten Messer des Linolwerkzeugs die Außenkontur des Motivs. Danach das überstehende Gummi mit einem breiteren Schnitzmesser wegschneiden. Führen Sie auf einem Stück Papier einen Probedruck durch. Legen Sie dann den Stoff auf einen weichen Untergrund und bedrucken Sie ihn. Die Farbe trocknen lassen und anschließend durch Bügeln fixieren.

Versäumen Sie alle Schnittkanten mit Zickzackstich. Legen Sie den Stoff rechts auf rechts, sodass die beiden kurzen Kanten aufeinanderliegen, und stecken Sie die Stoffkanten mit Stecknadeln zusammen. Nähen Sie die Seiten zusammen und achten Sie dabei auf eine Aussparung von 1,5 cm in der Naht (siehe Vorlage). Den oberen Rand des Beutels nach außen umschlagen und rundherum festnähen. Den Beutel nun auf rechts drehen und eine Kordel mithilfe einer Sicherheitsnadel durch den Tunnel ziehen.

Für das Etikett stempeln Sie das Kastanienblatt auf Packpapier, bedrucken es mithilfe der kleinen Buchstabenstempel und schneiden das Blatt aus. Versehen Sie das Blatt mit einem Loch und befestigen Sie es an der Kordel.

Material
- Stoff in Orange
- Kordel in Rot
- Stempelgummi
- Packpapier
- Stempelfarbe für Stoffe in Rot
- Stempelfarbe für Papier in Rot und Schwarz
- Nähgarn in Orange
- Nähmaschine
- Stecknadeln
- Linolwerkzeug
- Buchstabenstempel
- Transparentpapier
- Sicherheitsnadel
- Lochzange

Vorlage Seite 149

Orientalische Schafskäsemuffins

Aromen aus Fernost

Die Zwiebel schälen und fein hacken. Die Paprika waschen, putzen und in feine Würfel schneiden. Etwa 1 EL Olivenöl in einer Pfanne erhitzen, die Zwiebeln darin glasig dünsten, dann Linsen und Paprikawürfel hinzufügen. Gießen Sie etwa 200 ml Wasser an und lassen Sie alles etwa 15 Minuten bei niedriger Temperatur garen.

Verrühren Sie in der Zwischenzeit das restliche Olivenöl mit den Eiern und dem Joghurt. Rühren Sie Dinkelmehl, Backpulver, Natron, Currypulver und Salz unter die Eiermasse und geben Sie dann Honig, Schwarzkümmel und den grob gehackten Feta dazu. Vermengen Sie alle Zutaten und heben Sie zum Schluss die Linsenmasse unter.

Den Backofen auf 180 °C vorheizen. Ein Muffinblech mit Papierförmchen auslegen. Den Teig auf die Mulden verteilen und eventuell mit etwas Schwarzkümmel bestreuen. Die Muffins auf mittlerer Schiene etwa 25 Minuten backen. Aus der Form nehmen und auskühlen lassen.

Die Orientalischen Schafskäsemuffins sind etwa 3 bis 4 Tage haltbar.

Die Verpackungsidee für die Muffins finden Sie auf Seite 140/141.

Zutaten für 12 Stück

1 Zwiebel
1 rote Paprikaschote
100 g gelbe Linsen
110 ml Olivenöl
2 Eier
100 g Joghurt
200 g Dinkelmehl
1 TL Backpulver
½ TL Natron
1 EL Currypulver
1 TL Salz
1 TL Honig
2 EL Schwarzkümmel
200 g Fetakäse

30 Min. Zubereitung
(plus 25 Min. Backzeit)

Goldverzierte Schachteln

für die Schafskäsemuffins

Übertragen Sie die Vorlage auf die Rückseite des hellbraunen Fotokartons und schneiden Sie die Form mit der Schere oder dem Cutter aus. Für die Falze legen Sie ein Lineal als Führung an den gestrichelten Linien an und fahren diese mit dem Falzbein nach. An den entstandenen Rillen lässt sich der Karton einfach und ohne Brüche falten. Fahren Sie anschließend mit der flachen Seite des Falzbeins über die Falze.

Bekleben Sie die schmalen Klebelaschen mit doppelseitigem Klebeband und fügen Sie die Schachtel zusammen. Hinterkleben Sie anschließend das ausgeschnittene Sichtfenster mit der PVC-Folie. Hierfür auf der Kartonrückseite um das Sichtfenster herum doppelseitiges Klebeband aufkleben, an dem anschließend die durchsichtige Folie befestigt wird.

Für das Etikett ein 4,5 cm x 10 cm großes Fotokarton-Rechteck mit einem orientalischen Motiv verzieren. Hierfür zunächst Glue Pad auf den Karton stempeln, dann großzügig mit Blattgold bedecken. Blattgold vorsichtig mit einem weichen Pinsel entfernen. Runden Sie die Ecken des Etiketts mit der Schere ab.

Stempeln oder zeichnen Sie ein Textfeld auf einen 10 cm x 2 cm großen Kartonstreifen, den Sie mit Ihrem Wunschtext beschriften. Dieses Textfeld kleben Sie etwas versetzt auf das vergoldete Rechteck. Stanzen Sie zwei Löcher in das Etikett und versehen Sie diese mit goldenen Ösen. Befüllen Sie die Schachtel mit zwei Muffins und binden Sie ein schmales Satinband um die Verpackung. Das Etikett dabei mit auffädeln.

Material

- Fotokarton in Hellbraun, Lila und Creme
- PVC-Folie
- Ösen in Gold
- Satinband in Lila, 3 mm breit
- Blattgold
- Glue Pad (Stempelkissen mit Klebeflüssigkeit)
- Stempelfarbe in Schwarz
- Filzstift
- Stempel „Textfeld" und „Bordüre"
- Falzbein
- doppelseitiges Klebeband
- Ösenzange
- Pinsel

Vorlage Seite 151

Vorlagen

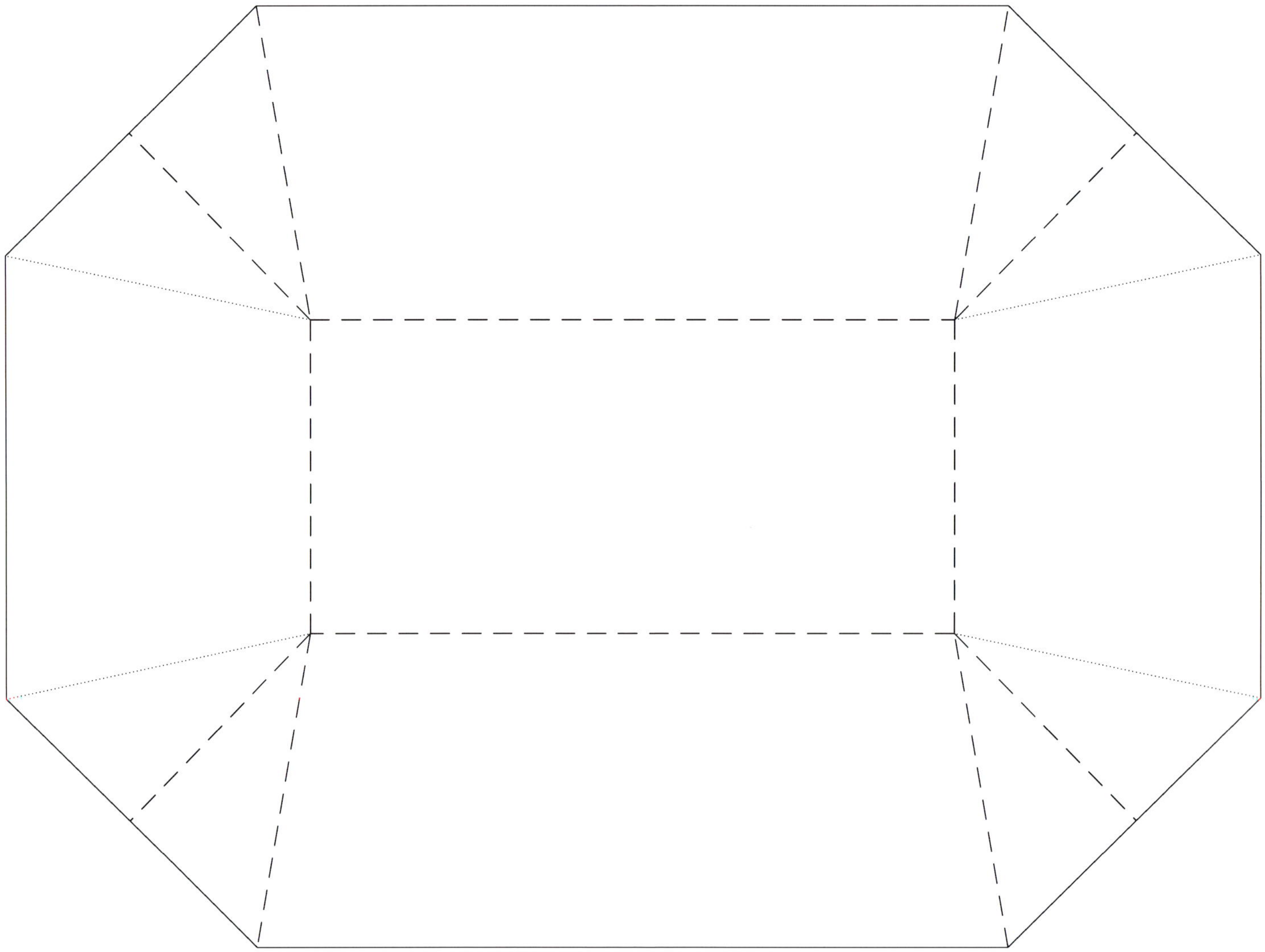

Romantische Schachtel

Seite 36/37

Die Vorlage auf 180 % vergrößern

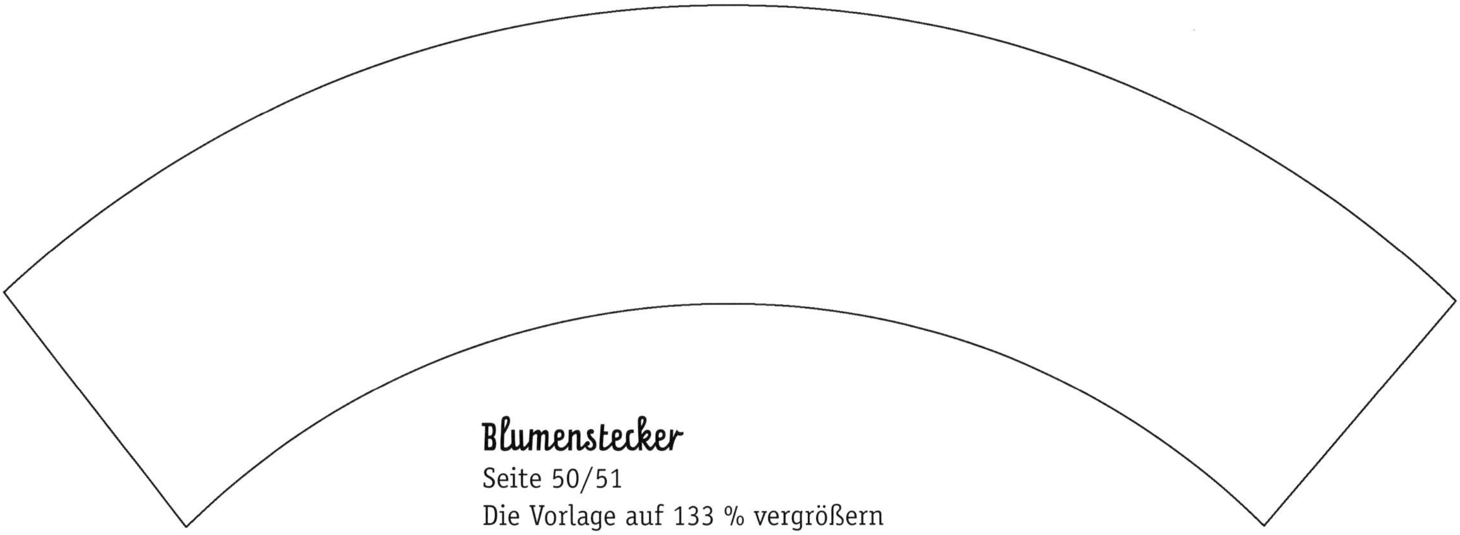

Blumenstecker

Seite 50/51

Die Vorlage auf 133 % vergrößern

Weihnachtsdosen

Seite 96/97

Tüten mit Fenster

Seite 62/63

Die Vorlage auf 133 % vergrößern

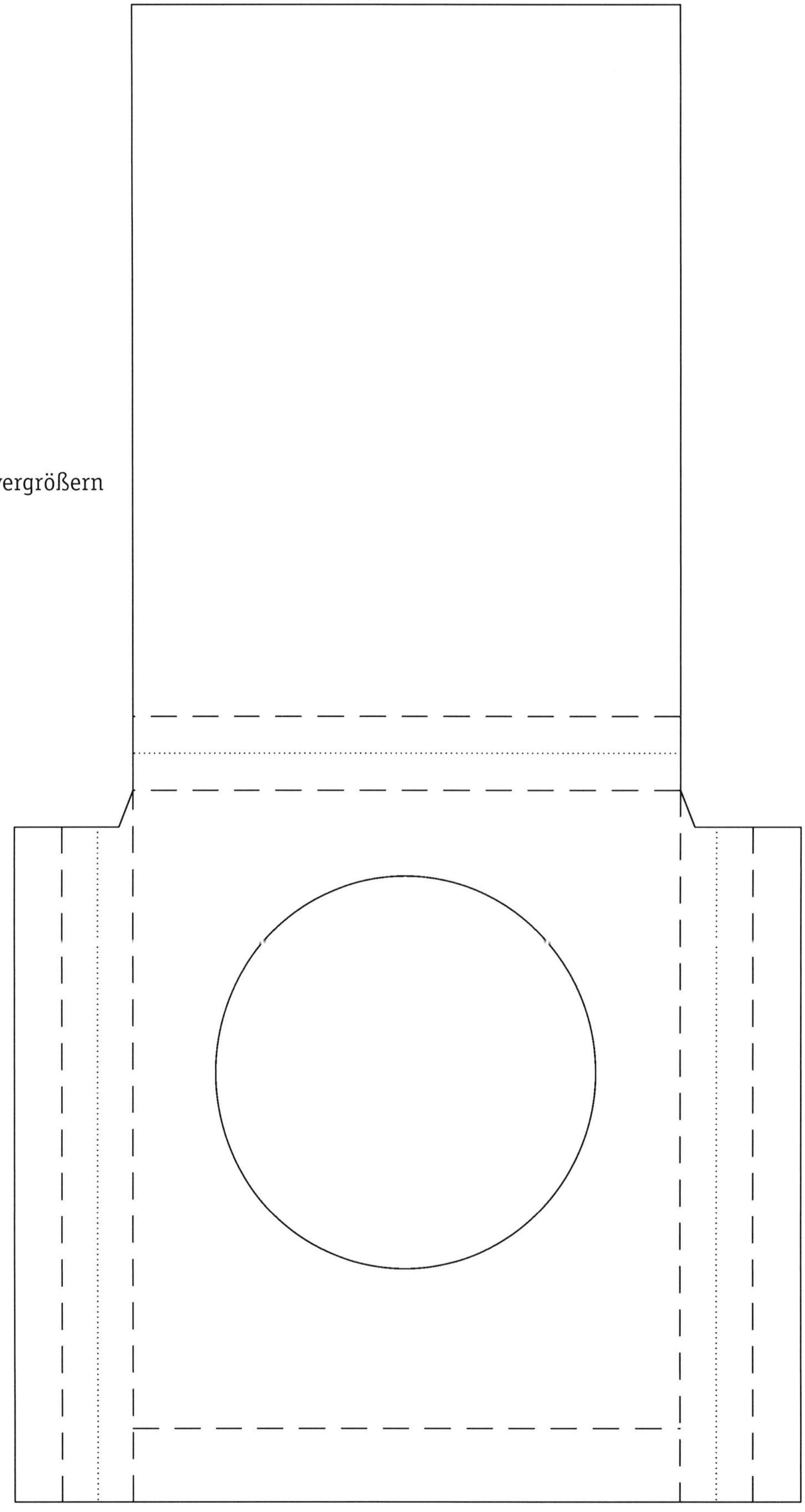

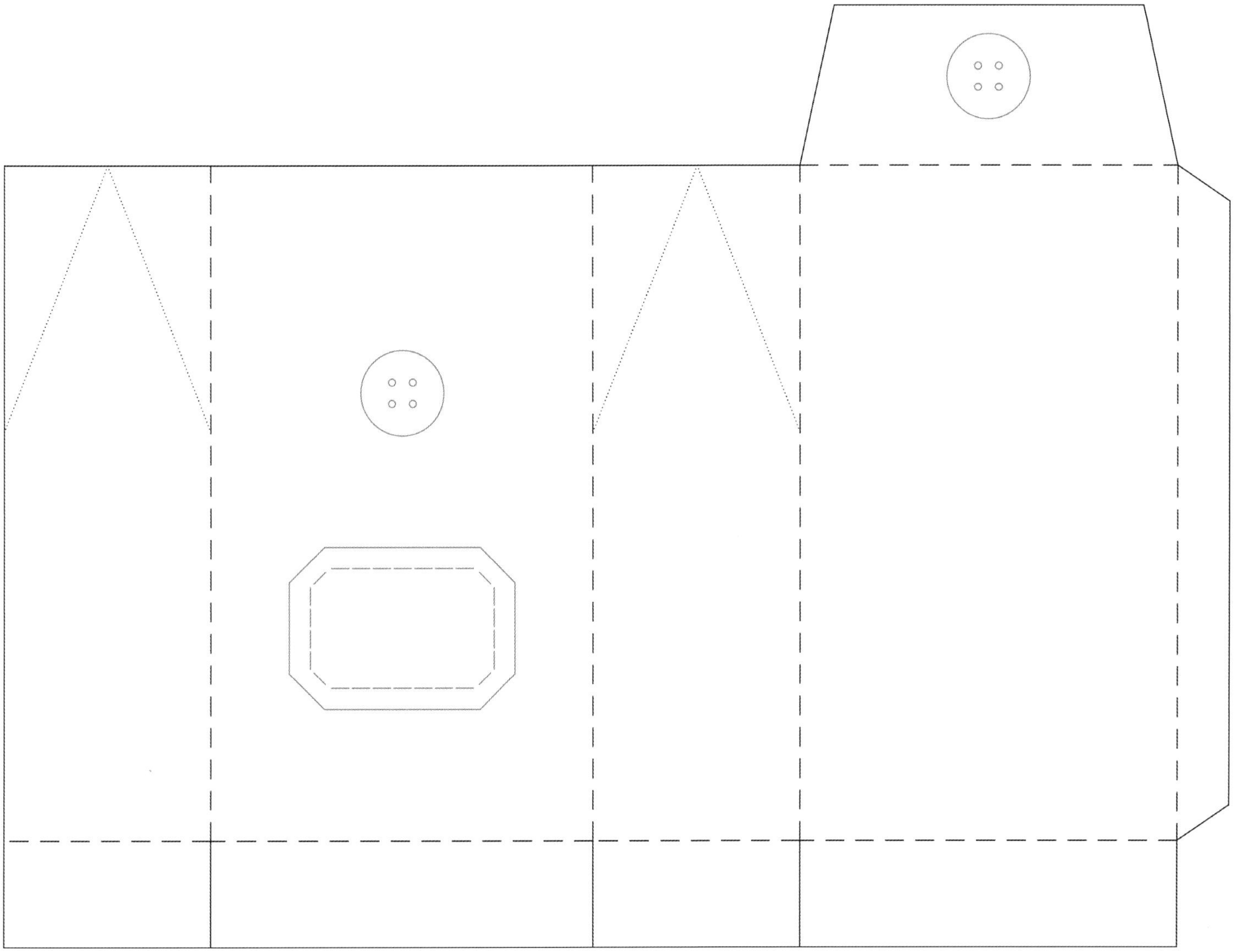

Schachteln mit Etikett

Seite 66/67
Die Vorlage auf 180 % vergrößern

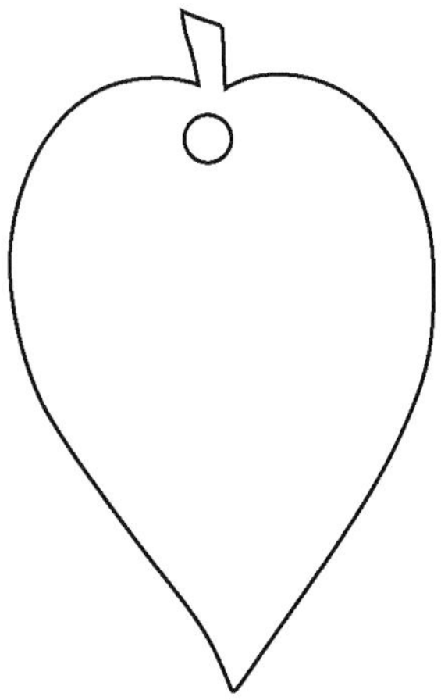

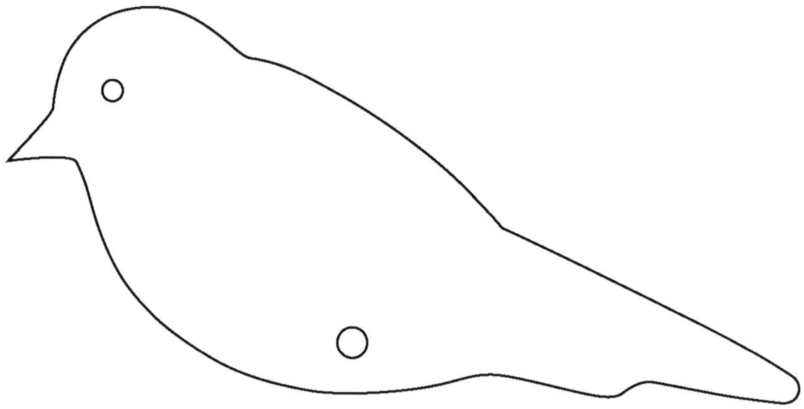

Häuschen-Schachtel

Seite 70/71

Die Vorlage auf 180 % vergrößern

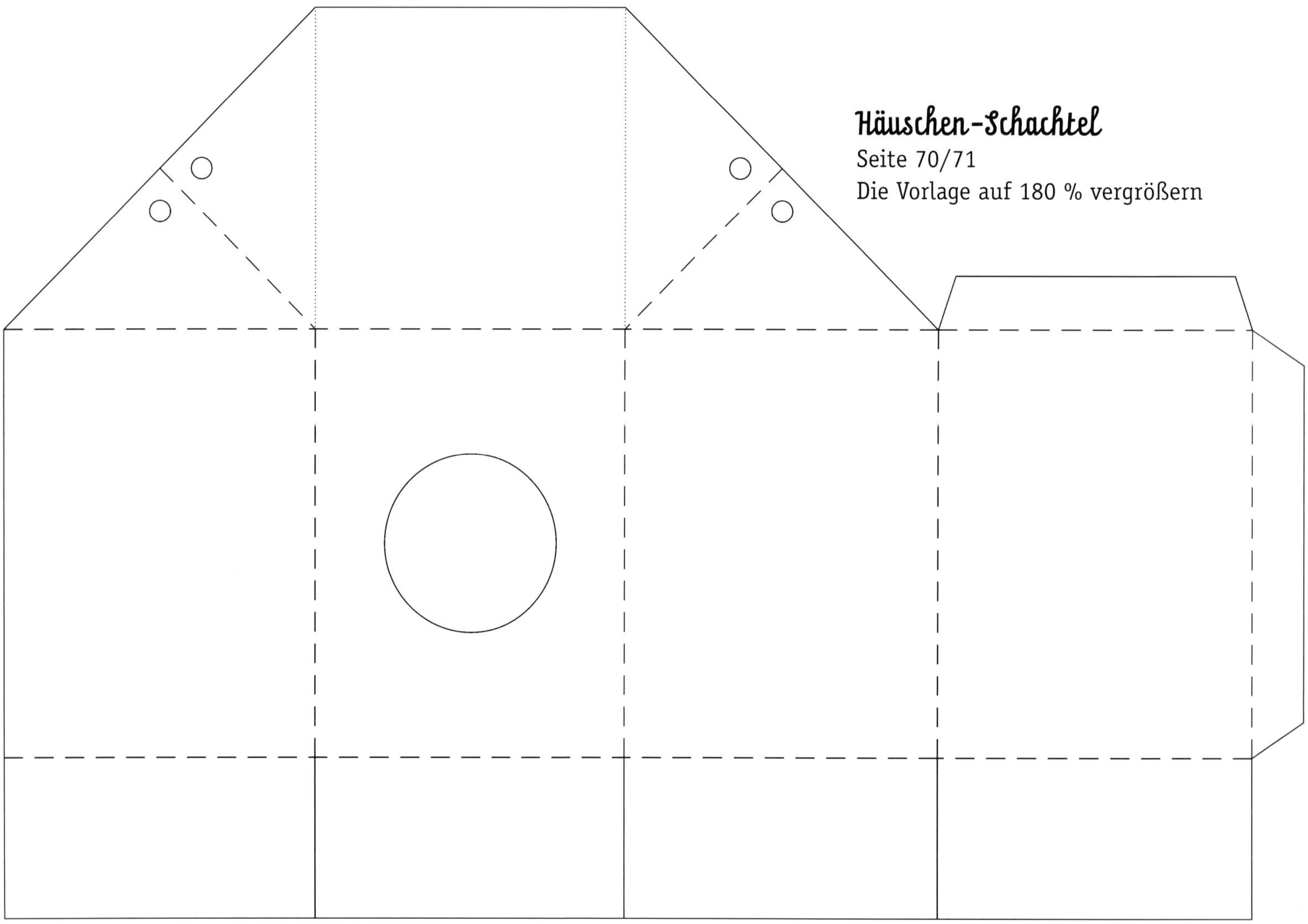

Schachteln „to take away"
Seite 84/85

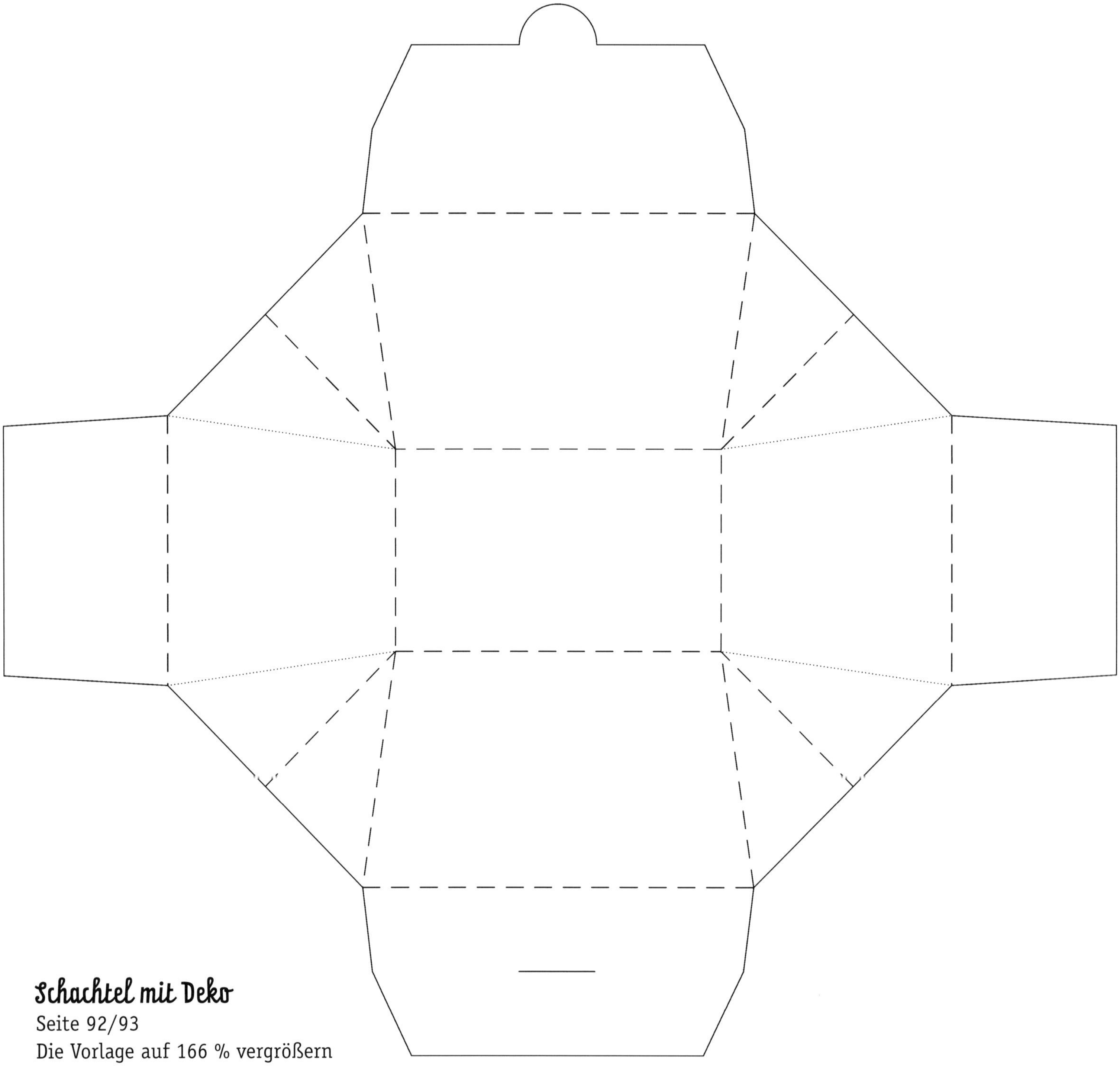

Schachtel mit Deko

Seite 92/93

Die Vorlage auf 166 % vergrößern

Stoffsäckchen

Seite 136/137

Die Vorlage auf 166 % vergrößern

Stoffsäckchen

Seite 136/137

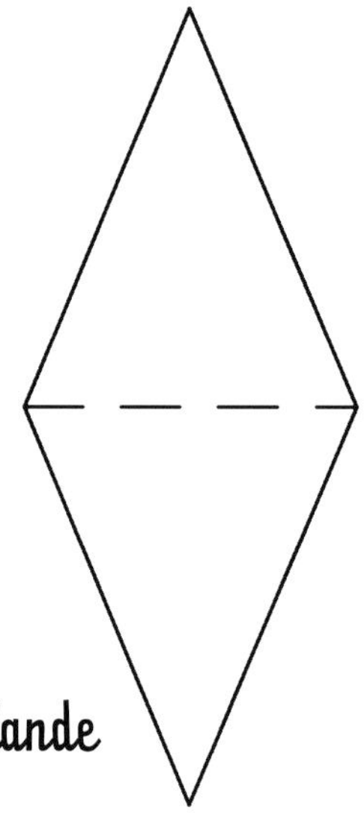

Holzkörbchen mit Girlande

Seite 40/41

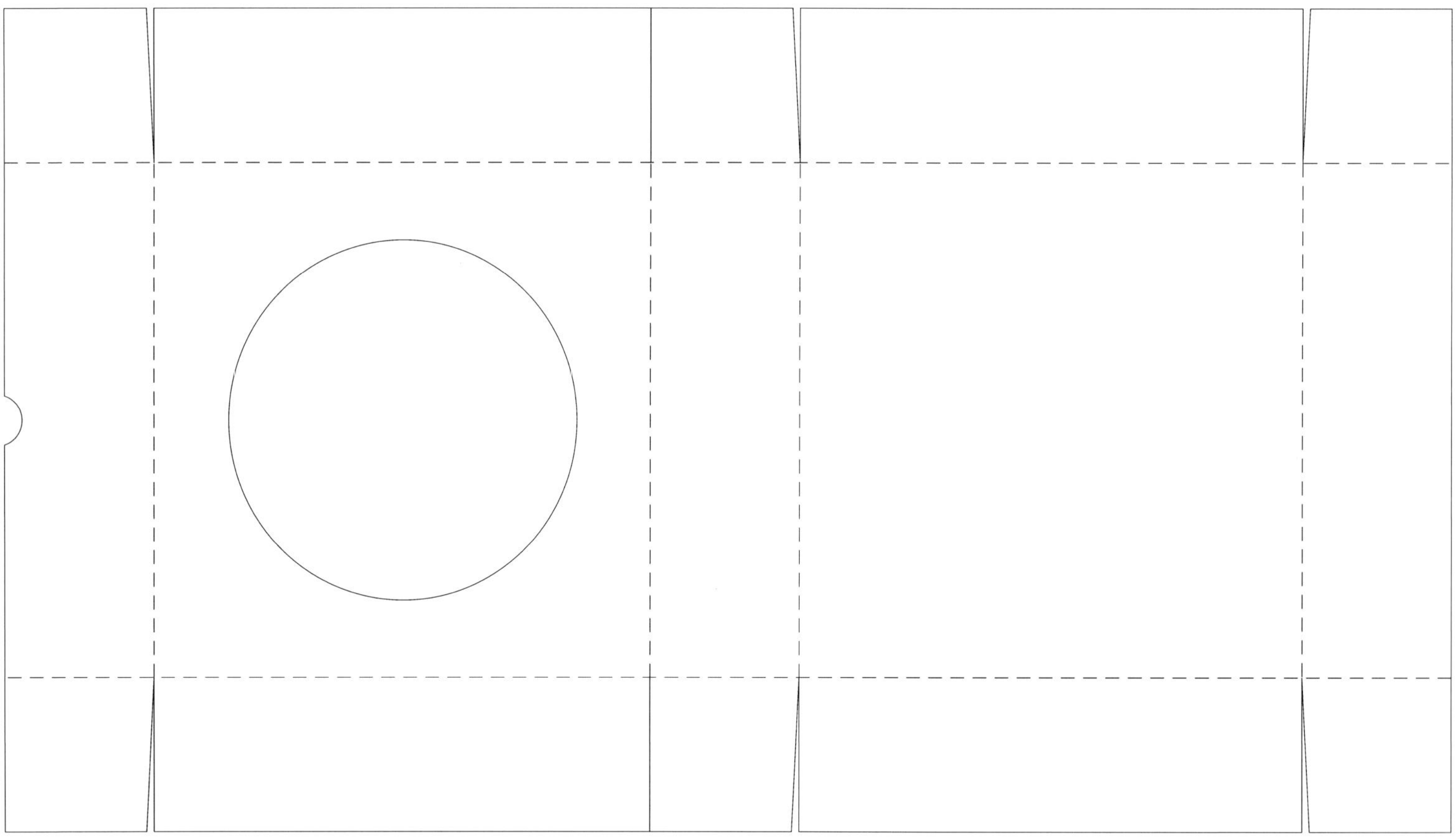

Edle Schachtel

Seite 32/33

Die Vorlage auf 285 % vergrößern

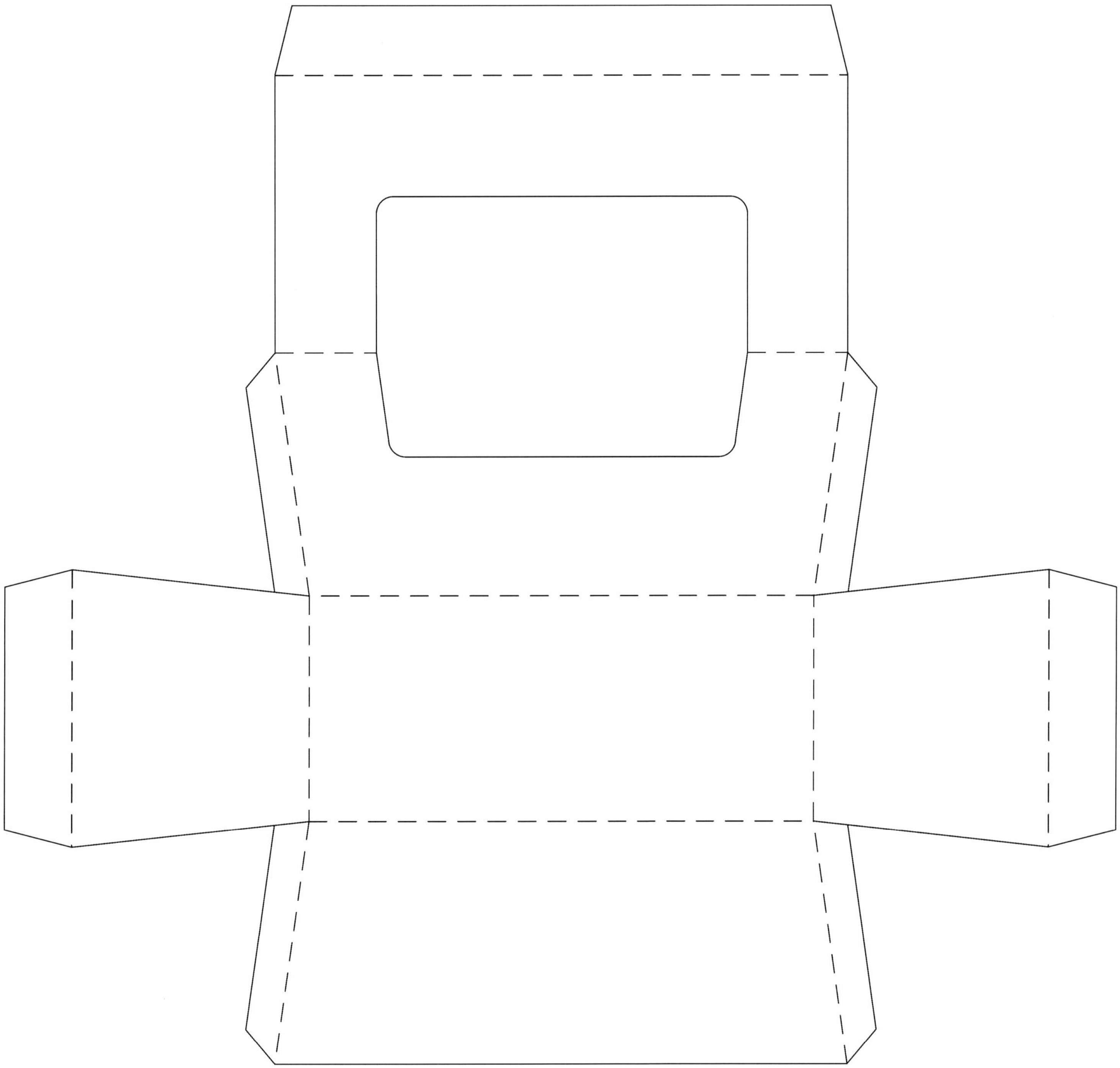

Goldverzierte Schachteln

Seite 140/141

Die Vorlage auf 166 % vergrößern

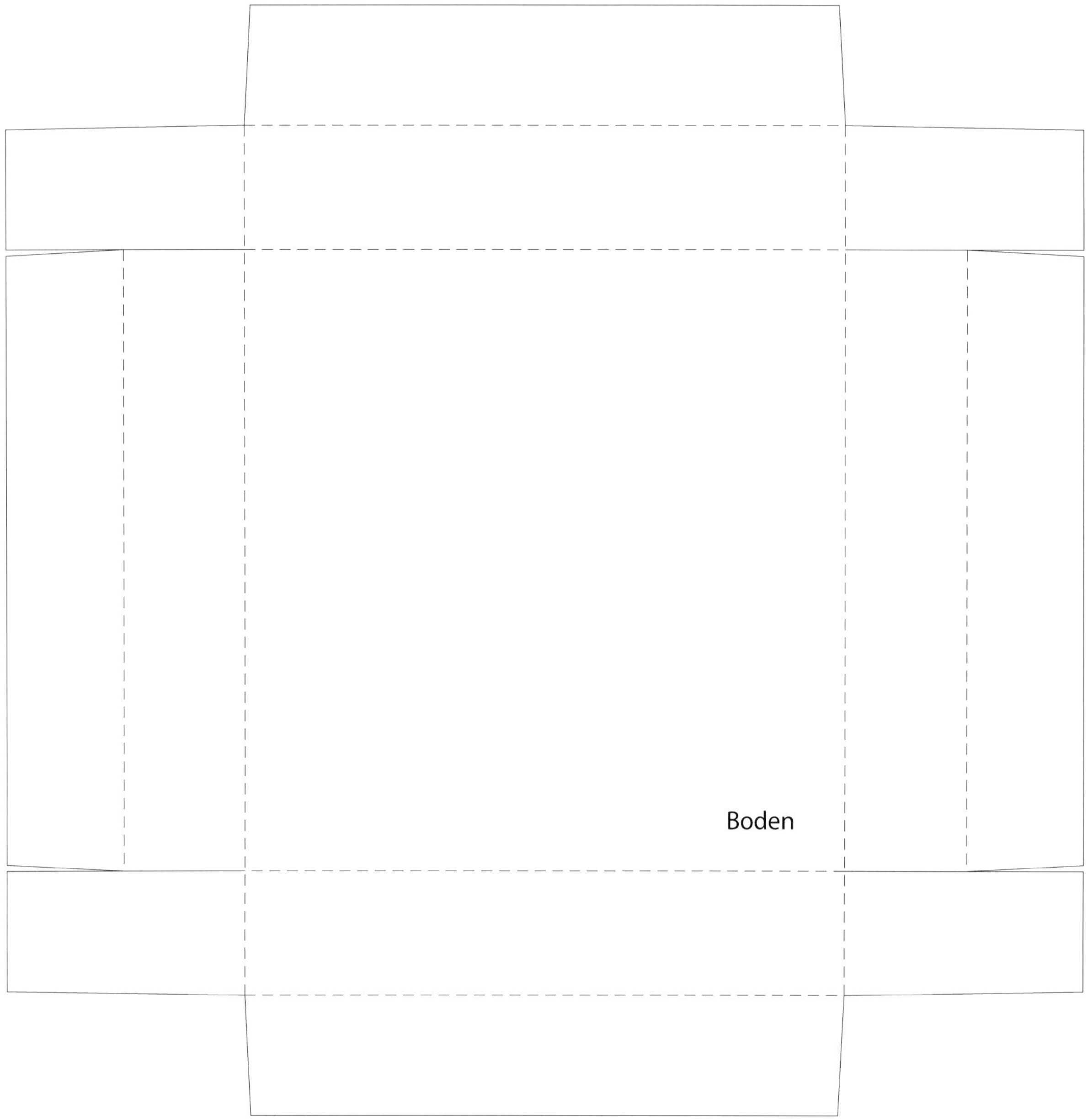

Blumenschachtel

Seite 54/55
Die Vorlage auf 333 % vergrößern

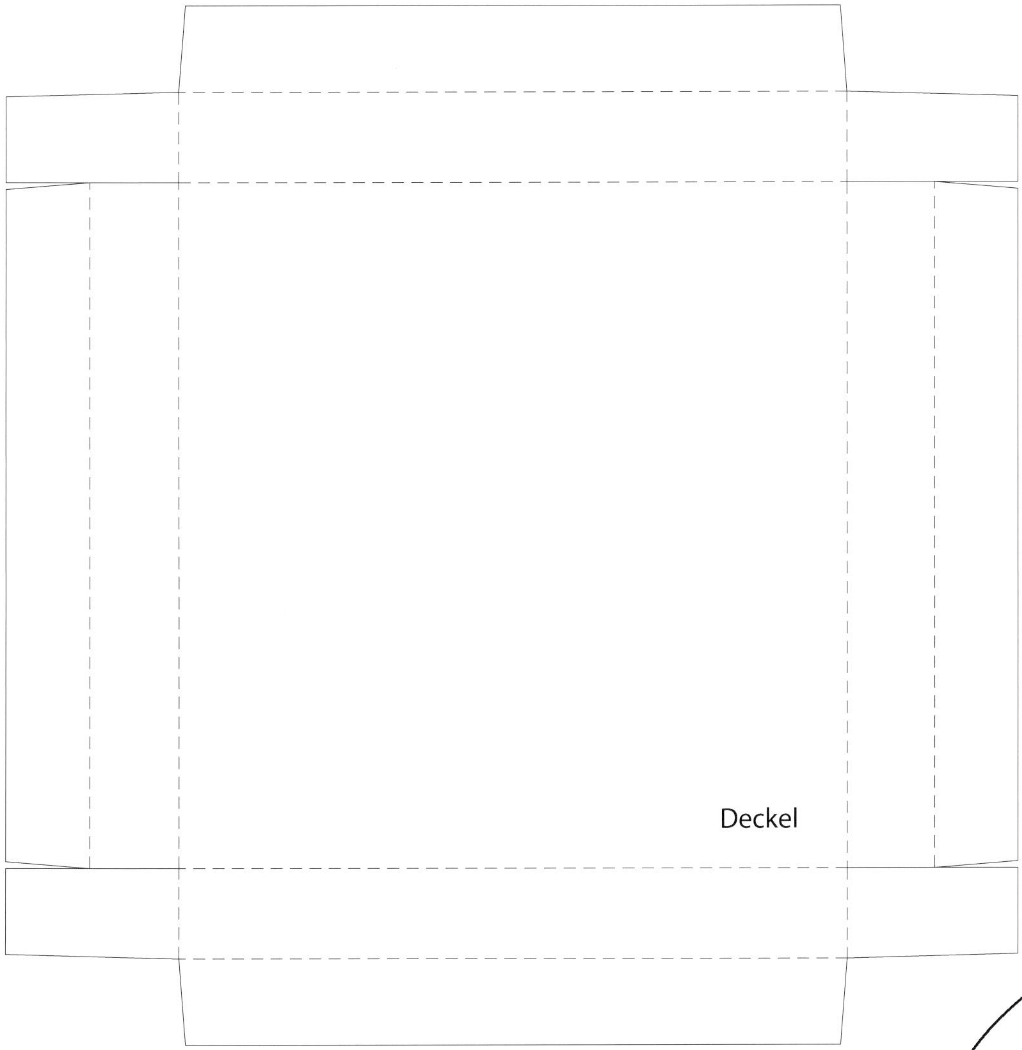

Blumenschachtel
Seite 54/55

Schiebeschachteln

Seite 80/81
Die Vorlage auf 200 % vergrößern

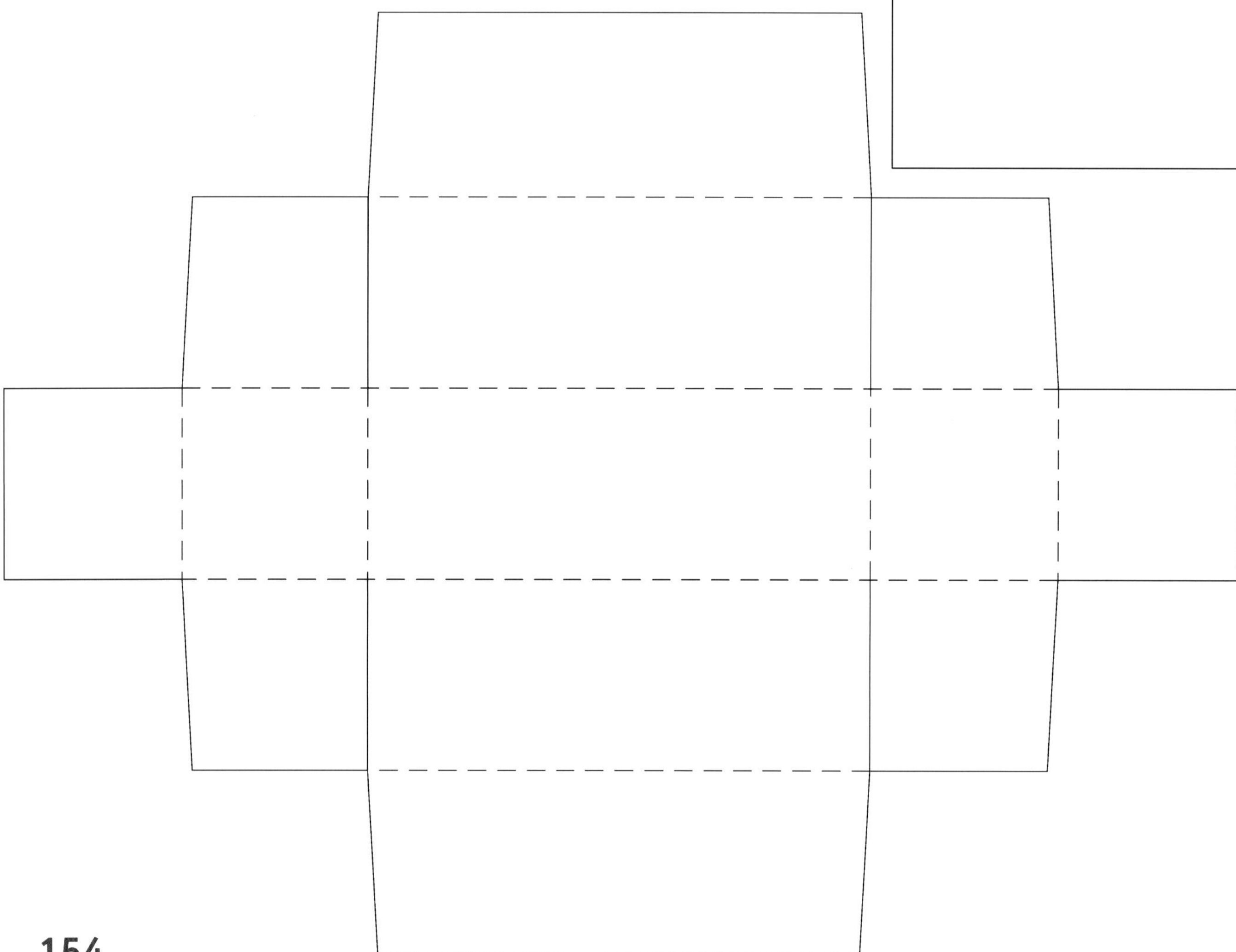

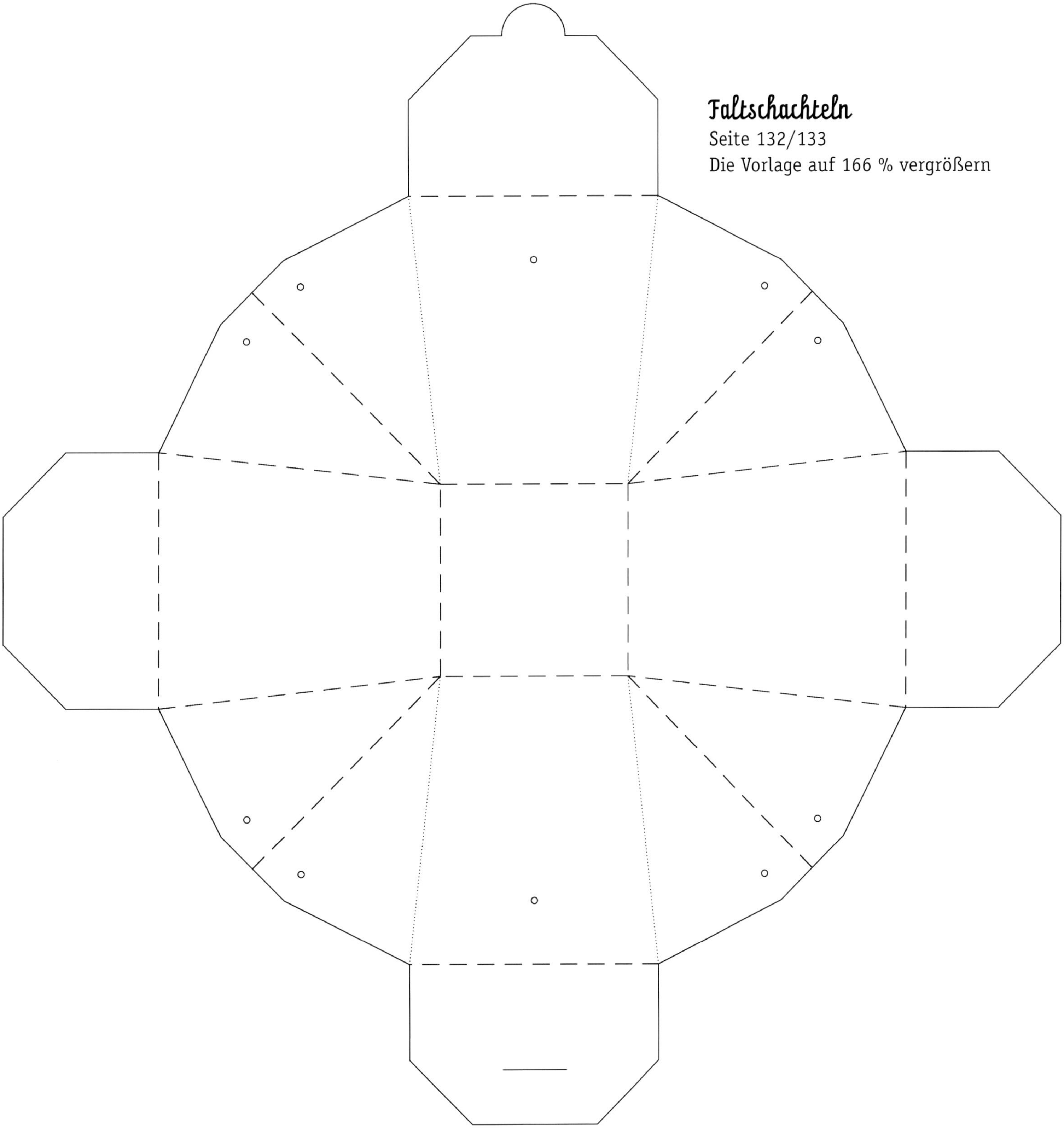

Faltschachteln

Seite 132/133
Die Vorlage auf 166 % vergrößern

Die kreative Manufaktur

Selbermachen. Genießen. Verschenken.

Bücher aus der kreativen Manufaktur

TOPP 5900
978-3-7724-5900-9

TOPP 5902
978-3-7724-5902-3

TOPP 5901
978-3-7724-5901-6

TOPP 5903
978-3-7724-5903-0

Kreative manufaktur

In der kreativen Manufaktur entsteht Einmaliges und Unverwechselbares. Hier werden schöne Dinge noch mit Liebe und Leidenschaft von Hand gefertigt und mit Sorgfalt verpackt.

Die Welt der kreativen Manufaktur umfasst liebevoll gestaltete Bücher und ein umfangreiches Produktsortiment zum Thema „Schenken und Verpacken“.

TOPP 5904
978-3-7724-5904-7

TOPP 5905
978-3-7724-5905-4

TOPP 5907
978-3-7724-5907-8

Schenken und Verpacken
mit der kreativen Manufaktur

Im Design der kreativen Manufaktur gibt es auch Etiketten, Geschenkanhänger, Dosen, Schachteln und vieles mehr. Sie sind über den gut sortierten Buchhandel oder www.kreative-manufaktur.de erhältlich.

Schleifenbänder
Art. Nr. 9121
€ (D) 4,99/€ (A) 5,10

Geschenkanhänger
Art. Nr. 9117
€ (D) 3,99/€ (A) 4,10

Etiketten
Art. Nr. 9119
€ (D) 1,99/€ (A) 2,10

Geschenktüten mit Etiketten
Art. Nr. 9127
€ (D) 4,99/€ (A) 5,10

8 Geschenkschachteln
Art. Nr. 9125
€ (D) 7,99/€ (A) 8,10

2 Dosen
Art. Nr. 9133
€ (D) 7,99/€ (A) 8,10

Geschenkanhänger
Art. Nr. 19420
€ (D) 3,99/€ (A) 4,10

Etiketten
Art. Nr. 19422
€ (D) 1,99/€ (A) 2,10

Masking Tape
Art. Nr. 9123
€ (D) 7,99/€ (A) 8,10

Baker´sTwine in Gelb, Rot oder Grün
Art. Nr. 19426 / 19441 / 19442
jeweils € (D) 9,99/€ (A) 10,30

Die Autorinnen

Gesine Harth
Gesine Harth studierte Kommunikationsdesign und Innenarchitektur in Köln und Wiesbaden. Ihr Interesse an unterschiedlichen Materialien und deren Gestaltungsmöglichkeiten hat sie hierbei vertieft und um einige Facetten erweitert – doch am meisten faszinierte und fasziniert sie noch immer das Papier und seine Vielseitigkeit. Ihre Handschrift ist puristisch und konzeptionell, doch bei der Erstellung von Verpackungen greift sie auch ganz gerne mal tief in die Bastelkiste und lässt ihrer spielerischen Seite freien Lauf.

Anne Iburg
Anne Iburg ist Autorin mehrerer Kochbücher und Ernährungsratgeber. Sie studierte an der Universität Bonn Oecotrophologie und arbeitete in einem Kochstudio und in einem Ratgeberverlag, bevor sie sich vor mehr als zehn Jahren selbständig machte. Heute lebt sie mit ihrer Familie in Kaiserslautern und kocht und backt für ihr Leben gerne.

Impressum

Verpackungsmodelle: Gesine Harth
Rezeptentwicklung: Anne Iburg

Fotos: frechverlag GmbH, 70499 Stuttgart; Fotolia: Barbara Pheby (S. 116, u.l.), BeTa-Artworks (S. 29, u.r.), Borabalbey (S. 42, r.), Carmen Steiner (S. 88, u.r.), Carola Vahldiek (S. 134, u.r.), Corbis (S. 43, r.), Dubova (S. 28, u.r.), Elenathewise (S. 78, u., S. 88, o.l.), Esther Hildebrandt (S. 29, u.m.), Evgeniya Moroz (S. 46, l.), Herby Meseritsch (S. 114, o.l., S. 124, u.r.), HLPhoto (S. 49, l.), Ideenkoch (S. 46, r., S. 120, u.r.), Ina Schoenrock (S. 29, o.l.), Jeanette Dietl (S. 130, u.r.), Jiri Hera (S. 43, Miolanasvetlana (S. 35, u.l.), MP2 (S. 88. o.r.), Osterland (S. 10, o.r.), PhotoSG (S. 28, o.l., S. 89, u.r.), schenkart (S. 68, o.), Susannwe (S. 42, l., S. 94, u.r.), Svenja98 (S. 42, m.), Thomas Francois (S. 58, o.r., S. 98, l.), Thomas Siepmann (S. 43, l.), Vschlichting (S. 99, r.), Winston (S. 98, m., S. 99, l.); istock: ajafoto (S. 115, u.l.), lbphotos (S. 59, u.l.), Pinkybird (S. 59, u.m.); T.W. Klein (Foto Anne Iburg S. 160); lichtpunkt, Michael Ruder, Stuttgart (alle übrigen)

Reihenkonzept: Katrin Hartmann
Produktmanagement: Katrin Hartmann
Lektorat und Texte: Katrin Hartmann, Susanne Dubbers, Britta Wild
Markendesign und Layout: N I T R I B I T T Kommunikation & Design, Thomas Detlaf, Kischa Scheibe, Marco Schenck, www.nitribitt.com
Satz: elektrolyten, Petra Schmidt, München, www.elektrolyten.de

Druck und Bindung: Finidr s.r.o., Tschechische Republik

Wir danken den Firmen KnorrPrandell GmbH, Lichtenfels, Rayher Hobby GmbH, Laupheim, Heyda Baier & Schneider GmbH & Co. KG, Heilbronn, für die freundliche Bereitstellung von Material.

Hilfestellung zu allen Fragen, die Materialien und Kreativbücher betreffen: Frau Erika Noll berät Sie. Rufen Sie an: 05052/911858 (normale Telefongebühren)

2. Auflage 2012

ISBN 978-3-7724-5906-1
Best.-Nr. 5906